1日1テーマ 30日でわかる三国志

監修：渡邉義浩
早稲田大学文学学術院教授

文響社

魅力的な登場人物と出会える

三国志は、主に３世紀の中国を舞台としています。一時の断絶を経て、400年あまり続いた漢（かん）が乱によって衰退し、その命脈は尽きようとしていました。そこに出てきたのが、劉備（りゅうび）、曹操（そうそう）、孫権（そんけん）らといった人物です。彼らはたがいにしのぎをけずり、中国の統一を目指し、蜀（しょく）・魏（ぎ）・呉（ご）という三つの国が成立します。この期間の中国の“歴史”がつづられたのが、『三国志』です。

ただ、この『三国志』は、私たちがよく知っているものとは別物です。たとえば、現在の日本で三国志が広く知られるようになったきっかけは吉川英治（よしかわえいじ）の小説『三国志』であり、これは『通俗（つうぞく）三国志』という小説がもとになっています。このあたりの経緯については、これから本書を読み進めていくとわかるでしょう。

紀元前より中国には高度な文明が存在し、独自の文字が発明され、歴史がつづられてきました。日本には古くから中国の歴史書が海を渡って伝わっており、中国の歴史は日本人にとってもなじみのあるものでした。

そのうえ、三国志には日本の戦国時代と同じように、武勇に秀でた豪傑や、戦略を駆使する知謀の士（軍師）など、個性豊かな人物の活躍がえがかれ、それが大きな魅力の一つとなっています。私自身、高校時代に吉川英治の『三国志』を読み、そのなかでも諸葛亮（諸葛孔明）の悲劇的な生涯に感動し、「この人の一生を調べてみたい！」と思い、中国史を研究する道を選択しました。

三国志には諸葛亮以外にも、魅力的な人物がたくさん出てきます。みなさんも、それぞれお気に入りの人物が見つかるはずです。

本書では、三国志の主な登場人物はもちろん、三国志の成立過程、あらすじ、名場面といった基礎知識のほか、三国志に由来する故事成語、三国志の時代の日本、三国志ブームといった内容にもふれ、三国志の世界をさまざまな視点から紹介しています。

本書を通じて、少しでも三国志の魅力を感じていただければ幸いです。

渡邉義浩

本書の読み方

内容がより理解しやすくなるよう、本書の特徴を紹介します。

❶

01
日目

“記録”の『三国志』、
“物語”の『三国志演義』

わたしたちがよく知る三国志という物語が、いつの時代に、どのようにして、誰の手によって誕生したかに迫る。

3カ国の滅亡後に成立した『三国志』

古代より中国では歴史を記録・編纂することが特別視され、そのほとんどが国家事業とされてきた。そのため、各国家の歴史が書物などを介して現在まで伝わっている。数ある歴史書のなかでも、清（17～20世紀）によって“正統”と定められたものを「正史」といい、24ある正史の一つに『三国志』は数えられている。

『三国志演義』は『三国志』を参考にしていたことから、清の歴史家から「７割の史実に３割の虚構」などと評されるように、半分以上は史実にもとづいている。とはいえ、あくまで大衆向けにつくられた物語であり、演出上、ドラマチックな場面がちりばめられている。なかには虚構が史実を追いやり、「演義」に書かれていることのほうが真実とされ、大衆に広まっている、ということまで起こっている。このことも、『三国志演義』がいかに名作であるかの証といえるだろう。

❷ 豆知識

『三国志演義』を含めた明の時代に成立した『西遊記』『水滸伝』『金瓶梅』の４作品は、「四大奇書」とされている。「奇」とは「突出してめずらしいもの」という意味もあり、奇書というのは「世にも稀な名著」であるいうことだ。

15

❶紹介する順番（何日目かを表しています）。

❷本文では紹介しきれなかったプチ情報です。

※16ページ以降は基本的に、歴史書である『三国志』を「正史」、小説である『三国志演義』を「演義」と記載しています。

※人物名は基本的に、「姓と名」で表記しています。

※年月は現行のグレゴリオ暦ではなく、旧暦で表記しています。

本書を読む前に

事前に知っておくと理解が深まる用語などを紹介します。

◆ 漢（後漢）の統治機構

皇帝を頂点として、最高官職の「三公」のもとに政治が執られていた。司徒（丞相）は行政に関わる事柄を統括し、司空（御史大夫）は司徒を補佐し、太尉（大司馬）は軍事面を司った。司徒の下には、司法や外交などをそれぞれ司る「九卿」が存在した。

地方は14の州に分けられ（くわしくは８ページを参照）、中央から任命された「刺史」、または「牧」が治めていた。州は複数の「郡」で、郡は複数の「県」で構成され、郡は「太守」が、県は「県令」などが、また都の周辺は「司隷校尉」が治めていた。

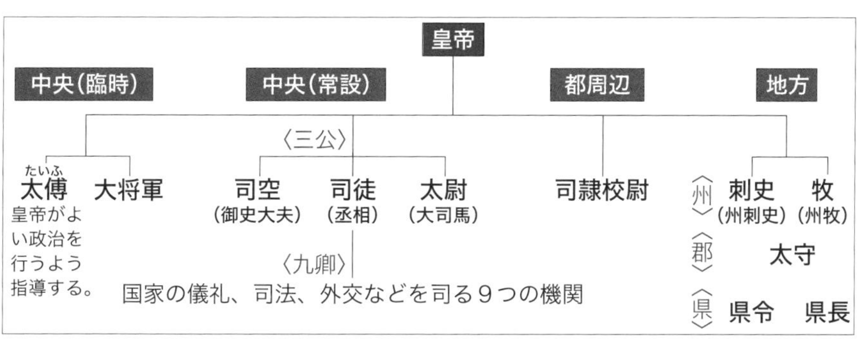

◆ 漢（後漢）の支配構造

皇帝が全土を統治する存在として君臨した。その身内である皇族には「王」や「公」という身分とともに土地（広さは一つの郡に満たない程度）が与えられた。皇族以外には功績に応じ、20段階の身分（二十等爵）が与えられた。

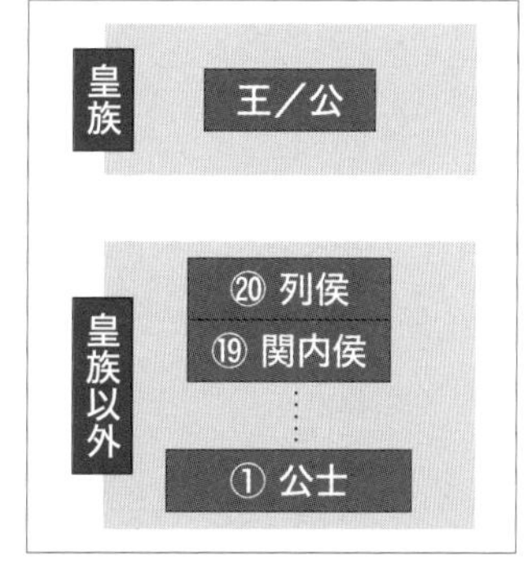

中国の時代区分

本書に登場する「国家名」や「時代名」を含めた、中国の時代区分の一覧表です。

年代	国家名（時代名）
紀元前2000	夏（か） 商（しょう）〈または殷（いん）〉
紀元前1000	西周（せいしゅう）
紀元前500	東周（とうしゅう） （春秋時代）
紀元前400	東周 （戦国時代）
紀元前300	
紀元前200	秦（しん）
紀元前100	前漢（ぜんかん）
紀元1	新（しん）
100	後漢（ごかん）
200	呉（ご）　蜀（しょく）　魏（ぎ） 西晋（せいしん）
300	東晋（とうしん）　（五胡（ごこ）十六国（じゅうろっこく））
400	
500	（南北朝時代）
600	隋（ずい） 唐（とう）

三国志の舞台である「三国時代」にあたる

年代	国家名（時代名）
600	唐
700	
800	
900	（五代十国（ごだいじっこく））
1000	北宋（ほくそう）
1100	南宋（なんそう）　金（きん）
1200	
1300	元（げん）
1400	明（みん）
1500	
1600	
1700	清（しん）
1800	

後漢・三国時代の主な勢力図

三国志の概要と、登場する国家とその国家に関係の深い人物を表したものです。

広く知られる三国志は、小説の『三国志演義』です。その内容を簡潔に説明すると、劉備という１人の青年が乱世に身を投じ、曹操や孫権といった人物らが率いる勢力と戦いながら出世していく物語です。

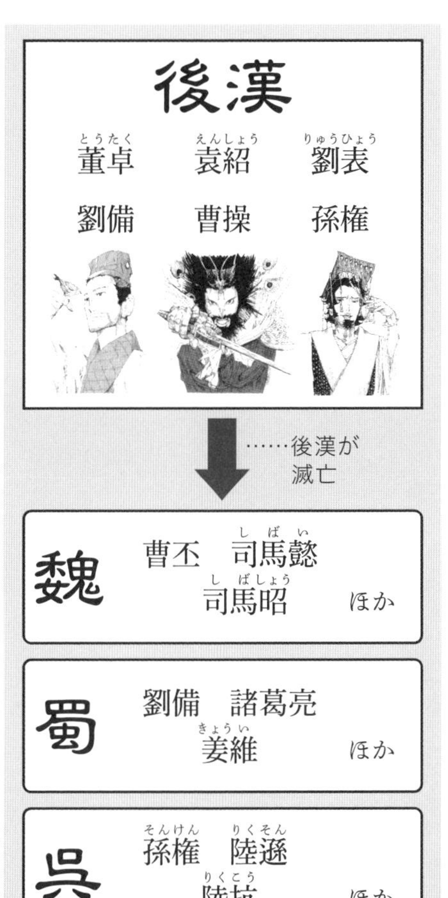

曹操と孫権が着実に勢力を拡大する一方、劉備は長い間、地盤がありませんでしたが、諸葛亮（諸葛孔明）を軍師として迎え、地盤を築くことに成功します。しかし、それから間もなくして後漢（国家）が滅亡します。

後漢の滅亡を受けて、曹操の子（曹丕）、劉備、孫権がそれぞれ皇帝に即位したことで、中国には「魏」「蜀」「呉」という三つの国家が並び立ちます。劉備が死去すると、蜀の国を支える諸葛亮を中心に、三国の興亡がつむがれていきます。

後漢の地図

後漢における行政区分を表した地図です。

※雍州は、194年に涼州から分離して成立
※交州は、203年に交趾刺史部から改称

後漢の行政区画

行政区分名	現在の中国での範囲
① 司隷	河南省、山西省と陝西省の一部
② 并州	山西省の大半、河北省の北西部、内モンゴル自治区の一部
③ 冀州	北京市、天津市、河北省の大半
④ 幽州	河北省の東部、遼寧省の南部、内モンゴル自治区の一部
⑤ 青州	山東省の大半
⑥ 兗州	山東省の西部、江蘇省の北部、安徽省の東部
⑦ 徐州	江蘇省の大半、山東省の南部、安徽省の北部
⑧ 豫州	河南省の大半、江蘇省の西部、安徽省の北部
⑨ 雍州	陝西省の大半、甘粛省の東部、青海省の一部
⑩ 涼州	甘粛省・寧夏回族自治区一帯
⑪ 揚州	上海市、浙江省と福建省と江西省の大半、江蘇省の南部、安徽省の南東部
⑫ 荊州	重慶市、湖北省と湖南省を含む周辺一帯
⑬ 交州	香港、広東省の南部、広西チワン族自治区、海南島
⑭ 益州	四川省、貴州省と雲南省の大半

現代の中国の地図

現代の中国における行政区分を表した地図です。

行政区名
㉙ 陝西省
㉚ 甘粛省
㉛ 青海省
㉜ 寧夏回族自治区
㉝ 新疆（しんきょう）ウイグル自治区

行政区名
❶ 北京市
❷ 天津市
❸ 河北省
❹ 山西省
❺ 内モンゴル自治区

行政区名
❻ 遼寧省
❼ 吉林（きつりん）省
❽ 黒龍江（こくりゅうこう）省

三国時代の中国の領域（8ページの地図）は現在でいうと、北は「❻遼寧省」や「❺内モンゴル自治区」、西は「㉚甘粛省」や「㉕四川省」の周辺にあたる。

行政区名
㉔ 重慶市
㉕ 四川省
㉖ 貴州省
㉗ 雲南省
㉘ チベット自治区

行政区名
⓰ 河南省
⓱ 湖北省
⓲ 湖南省
⓳ 広東省
⓴ 広西チワン族自治区
㉑ 海南省
㉒ 香港特別行政区
㉓ マカオ特別行政区

行政区名
❾ 上海市
❿ 江蘇省
⓫ 浙江省
⓬ 安徽省
⓭ 福建省
⓮ 江西省
⓯ 山東省

目次

“記録”の『三国志』、“物語”の『三国志演義』

わたしたちがよく知る三国志という物語が、いつの時代に、どのようにして、誰の手によって誕生したかに迫る。

3カ国の滅亡後に成立した『三国志』

古代より中国では歴史を記録・編纂することが特別視され、そのほとんどが国家事業とされてきた。そのため、各国家の歴史が書物などを介して現在まで伝わっている。数ある歴史書のなかでも、清（17世紀〜20世紀）によって“正統”と定められたものを「正史」といい、24ある正史の一つに『三国志』は数えられている。

『三国志』という名称からもわかるとおり、その主な内容は「魏」「蜀」「呉」という３カ国が並び立ち、中国大陸を舞台に覇を競った歴史がつづられている。**この時代は「三国時代」とも呼ばれ、220年から263年までを指す（または184年から280年までを指す場合もある）。**

『三国志』が成立したのは、３カ国とも滅亡したのち、次の国家である晋（西晋）の時代だ。中国大陸が西晋によって再統一された280年から西晋が滅亡する316年までの間と考えられている。

著者（編者）とされる陳寿（233年？〜297年？）は、もとは蜀の文官だったが、蜀が滅亡すると西晋の文官となる。陳寿は３カ国それぞれの歴史を編纂し、『魏志』（魏書）30巻、『蜀志』（蜀書）15巻、『呉志』（呉書）20巻を完成させた。そして、この計65巻は後世において、ひとまとめにされる。そのため、３カ国の“志”、すなわち『三国志』という

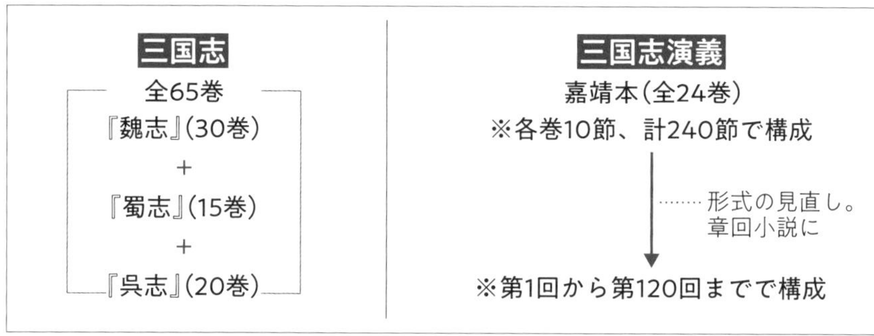

『三国志』と『三国志演義』の構成

わけだ。

なお、ここでいう**“志”とは「こころざし」を意味するのでなく、「記録する」などの意味を持つ“誌”とほぼ同義と考えられている。**

その中身（構成）は、皇帝や王の功績を年代順に記した「本紀（ほんぎ）」と、その時代を代表する人物について述べた「列伝（れつでん）」を軸にまとめられた「紀伝体（きでんたい）」と呼ばれる様式が用いられている。

陳寿の著した『三国志』には注がつけられている。陳寿が生きた時代より100年近く経ったあとの時代、裴松之（はいしょうし）という人物によって『三国志』に多くの書籍が引用された。この「裴松之注」（裴注（はいちゅう））によって大幅に情報が補完されたものが、後世に伝わっている。

舞台の1000年後に成立した『三国志演義』

ここまで説明してきた『三国志』は、あくまで当時の為政者の命令によってつくられた歴史書（史書）であり、現代に生きるわたしたちはもちろん、当時の民衆が楽しんで読めるものではなかった。ただ、『三国志』とは別に、三国時代のさまざまなエピソードは「説三分（せつさんぶ）」と呼ばれる講談により民衆の間に広まっていた。

そのうち、説三分の台本をもとに挿絵（さしえ）をつけた『三国志平話（へいわ）』が成

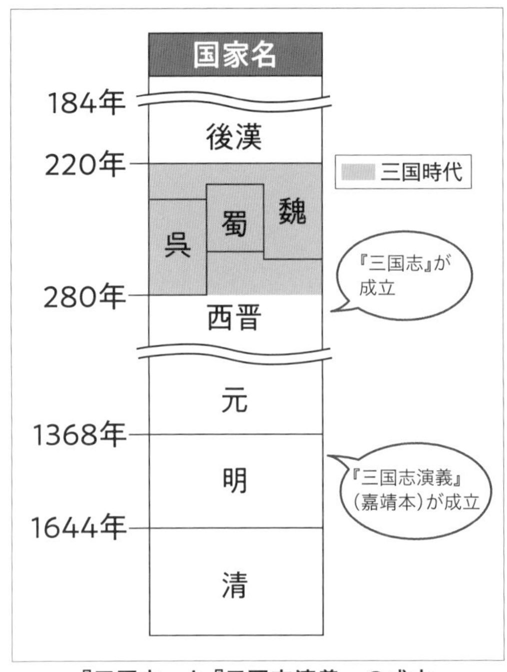

『三国志』と『三国志演義』の成立

立したことで、三国時代の物語が民間にいっそう浸透していった。そのなかでは、**曹操は悪役とされ、劉備の配下である関羽や張飛が活躍するエピソードがとくに人気となっていく。**

三国時代から1000年以上が過ぎたころ、『三国志演義』が誕生する。著者は元の末期から明の初期（14世紀後半〜15世紀前半）を生きた作家の羅貫中とされている（ただし、諸説あり）。説三分には誤りが多いとして、『三国志』にもとづきながら、人々にわかりやすく伝えることを目的とし、『三国志演義』を著したという。**「演」は「推し広める」、「義」は「正しいこと」**という意味を持つ。

折しも、当時は印刷技術が発達していたこともあり、『三国志演義』は大ベストセラーとなり、以後に成立する『隋唐演義』や『楊家将演義』といった後世の歴史小説のロールモデルになっていく。

『三国志』と同じく、『三国志演義』も原本は残っていない。ただ、人気作だったことから複数の写本がつくられた。現存する最古の版本は『三国志通俗演義』といい、明の嘉靖元年（1522年）に成立したことから「嘉靖本」とも呼ばれ、知識人に向けて整理された内容となっている。

勝者によってつくられた歴史が正史？

「正史」とされている『三国志』だが、必ずしも書かれていることのすべてが歴史的な真実（史実）とは限らない。それは、「正史」の多くが前の国家を倒して新たに成立した国家、つまり勝者側が編纂しているためだ。具体的にいうと、国家の交代を正統化しようと、ことさら前の国家を悪し様に書くことがざらにある。

『三国志』が編纂された時代は、西晋が中国大陸を統一したばかりで、魏・蜀・呉の３カ国の関係者がまだ生存していた。西晋は３カ国のうち、魏から帝位を奪って（形式上は帝位をゆずられた形で）成立したうえ、陳寿は西晋の為政者の命令によって編纂に取り組んでいた。そのため『三国志』は、**晋の前身である魏を正統とする記述に終始している。**その一方で、かつて蜀の文官だったことから蜀に強い思い入れがあったようで、**魏を正統としつつも、蜀をひいきした記述がしばしば見られる。**

『三国志演義』は『三国志』を参考にしていたことから、清の歴史家から「７割の史実に３割の虚構」などと評されるように、半分以上は史実にもとづいている。とはいえ、あくまで大衆向けにつくられた物語であり、演出上、ドラマチックな場面がちりばめられている。なかには虚構が史実を追いやり、「演義」に書かれていることのほうが真実とされ、大衆に広まっている、ということまで起こっている。このことも、『三国志演義』がいかに名作であるかの証といえるだろう。

豆知識

『三国志演義』を含めた明の時代に成立した『西遊記』『水許伝』『金瓶梅』の４作品は、「四大奇書」とされている。「奇」とは「突出してめずらしいもの」という意味もあり、奇書というのは「世にも稀な名著」であるいうことだ。

中心人物や活躍の度合いなど、「正史」と「演義」の相違点

「正史」とは異なり、小説である「演義」は時代を経るうち、さまざまな変更が加えられていく。

魏が正統の「正史」、蜀が正統の「演義」

『三国志』（以降、「正史」）と『三国志演義』（以降、「演義」）が同じ時代について書かれたものでも、様式がそもそも異なる（歴史書と小説）ことは前の項目で紹介したとおりだ。そして、両書の顕著な違いといえば中心人物だろう。

「正史」は晋（西晋）の皇帝の命令を受けた陳寿によって編纂されており、**晋の前の国家（漢）の皇帝から帝位をゆずられて成立した魏こそが正統であるという立場を取っている。**だからこそ、魏を建国した曹丕の父、つまり曹操とその子孫を中心に記述されている。一方、「演義」での曹操は“悪の親玉”としてえがかれ、劉備とのその子を皇帝とする蜀を正統な国家に位置づけている。

こうした“蜀びいき”ともいえる風潮は、13ページで紹介した裴松之が注（注釈）をつけた５世紀前半にはすでに広まりつつあった。それには次のような理由がある。４世紀前半以降、中国大陸には北方から漢人とは別の民族が南下して国家を打ち立てた。晋（東晋）は南方で命脈を保つことになる。そのうち漢人は、北方の魏から圧迫されていた蜀に、自分たちの境遇を重ねあわせるようになり、“蜀びいき”が浸透していったというのだ。

こうした考えは「蜀漢正統論」といい、為政者ばかりではなく民衆にも支持され、**うさを晴らすかのように、蜀を正統（主役）とした物語が数多くつくられていくことになる。**

ちなみに劉備は、自身が打ち立て統治する国家は、滅亡した漢の正統な後継であるとして「漢」と称した。しかし、魏がこれを認めるわけはなく、劉備の支配下にあった地域名から「蜀」と呼ばれていた。さらに、後世において蜀という名の国家が複数存在することから、それらと区別する意味でも、劉備が建国した国家は「蜀漢」とも呼ばれている。

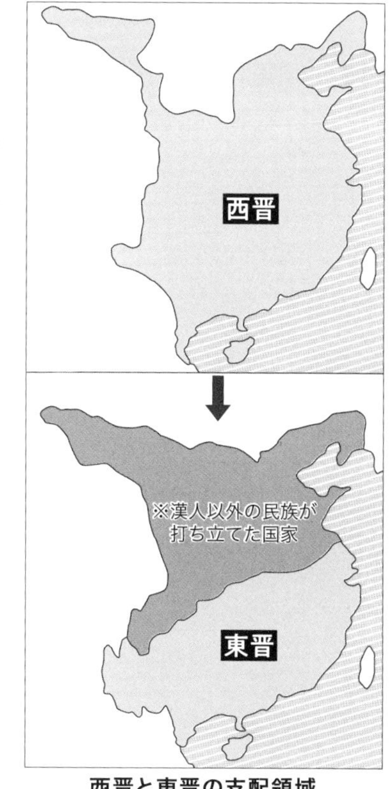

西晋と東晋の支配領域

まるっきり異なる主要人物の数

「正史」と「演義」の大きな違いとして、ほかに登場人物の数がある。**「正史」には3000以上もの人物名が記されているのに対し、「演義」にはその半分程度しか登場しない。**

「演義」では魏と蜀の対立がメインとなるため、とくに呉に関係する人物は削られがちだ。とはいえ、たとえ曹操の子であっても登場しないなど、物語に不要とされた人物はバッサリと削られている。

削られるだけならまだしも、「正史」に名前のない人物、すなわち**架空の人物が「演義」に100名以上も登場する。**たとえば、作中きっての猛将である呂布をその美しさで虜にする貂蝉（くわしくは76ページ参照）、赤壁の戦いのくだりで登場する蔡中や蔡和などだ。

「演義」にのみ登場する架空の人物として、関羽の子である関索が物語と関係ないところで重視されている。この関索が「演義」に登場するかしないかで、その「演義」がいつ成立したかを系統的に分類することができるからだ。架空の人物が指標とされためずらしい例といえるだろう。

	三国志	三国志演義
様式	歴史書 (史実にもとづいた記録)	歴史小説 (史実を参考にしたフィクション)
書式	紀伝体	文語まじりの口語文
中心人物	曹操(魏)	劉備(蜀)
登場人物	約3000人	約1200人

『三国志』と『三国志演義』の特徴

なぜ手を加えられたか不明な細かな設定

関索は架空の人物だが、関羽の子である関平は「正史」にも名前が出てくる実在の人物だ。ところが、「演義」における関平は、関羽の養子とされている。このように、理由は定かではないが、「正史」の内容を改変した細かな設定が「演義」にはある。

たとえば、「正史」において張飛の字は「益徳」だが、「演義」では「翼徳」になっている。字とは、古代中国において「姓」と「名（諱）」以外につけられた名前で、成人すると自分で名乗ったり、名づけられたりした。目上の者以外が相手の名を呼ぶのは非礼とされ、相手が同等の地位や親しい間柄であれば、字で呼んでいた。

また、「正史」に登場する大橋と小橋の姉妹、その父である橋公は、「演義」ではそれぞれ大喬、小喬、喬国老と名前が変更されている（くわしくは78ページ参照）。

ほかにも、苑康を范康、閔純を関純、梁綱を梁剛、呉巨を呉臣など、まるで間違い探しのような改変まである。しかも、物語上、重要ではない人物にこの傾向が強い。ただの誤字なのか、何か意図があってのことかはわかっていない。

活躍の度合いが変わっていった主役たち

「演義」における中心人物は劉備だが、諸葛亮が登場して以降は、諸葛亮の見せ場が増えていき、**劉備の死後は諸葛亮を中心に物語はつむがれている。**時代とともに、劉備を上回る人気を諸葛亮が獲得していったことも関係しているだろう。

毛綸・毛宗の親子によって清の初期（17世紀前半）に著された最新版の「演義」ともいえる「毛宗崗本」では、人気の諸葛亮、悪役として不可欠な曹操、それにもう１人、関羽を加えた３人が物語の中心に据えられている。これは、関羽が当時の人々の間で信仰の対象になるほどの存在だったことと関係している（くわしくは92ページ参照）。

「正史」とはちがって、「演義」は時代の移り変わりやその時代の風潮を受けて、内容に手が加えられ続けていったのだ。

豆知識

劉備を例にとると、姓は「劉」、名は「備」、字は「玄徳」となる。「劉備玄徳」と表記されることもあるが、これは正しいとはいえず、「姓＋名」（＝劉備）、もしくは「姓＋字」（＝劉玄徳）という表記が正しい。文書では「姓＋名＋字」の記述もある。

― 三国志のあらすじ① ―
後漢衰退から群雄割拠の時代へ

ある者は権力や領地を求め、ある者は混迷を鎮めるために立ち上がる――そして乱世が訪れた。

外戚と宦官の対立で政治がまひ

庶民の出である劉邦(りゅうほう)（皇帝としての名は高祖(こうそ)）によって、統一された国家である「漢(かん)」が紀元前206年に成立した。その後、一時的に漢は断絶したが、劉邦の子孫である劉秀(りゅうしゅう)（皇帝としての名は光武帝(こうぶてい)）が漢を再興する。**日本では断絶以前の国家を「前漢(ぜんかん)」、再興された国家を「後漢(ごかん)」と呼ぶ。**

その光武帝が打ち立てた後漢は、紀元25年の建国から数十年余りにわたって安定していたが、幼少の皇帝が何代か続くうち、宮中では外戚(がいせき)と宦官(かんがん)が権力を握るようになる。外戚とは、皇后や皇太后(こうたいごう)（皇帝の母親）の一族のことで、その一族が朝廷における要職を独占してしまう。

一方の宦官は、後宮（皇帝とその妻らが生活する場）で皇帝ら一家の身の回りの世話をするために去勢(きょせい)された（男性器を切除されること）男性である。実権こそ持たないが、皇帝と臣下の取次などの役割を担(にな)ううち、しだいに政治に口を出すようになっていった。

そのうち**外戚と宦官は争うようになり、そこに官吏も加わったことで朝廷（中央政府）は機能不全に陥(おちい)り、それにともない地方は荒廃していった。**

黄巾の乱で歴史の表舞台に登場

悪政に苦しむ庶民のなかには、宗教に救いを求める者もいた。そうして数十万もの信者を抱えたのが、道教を起源とし、張角という人物を教主とする宗教結社「太平道」である。道教を簡単に説明すると、古代中国の思想から生まれ、神や仙人などを信仰する多神教だ。

黄巾の乱

信者が急増するなか、張角は184年に武装蜂起し、その影響は青州を中心に全国へと拡大していった。彼らは黄色の頭巾を身につけて敵味方を区別したことから黄巾賊と呼ばれ、この反乱は「黄巾の乱」と呼ばれる。

大規模な反乱に対し、朝廷は直属の軍に加え、地方軍や地方の豪族らの兵などを動員することで、1年足らずで鎮圧に成功する。鎮圧後、朝廷は戦功に応じた者に恩賞を与えた。そのなかには曹操、孫堅（孫権の父）、義勇軍として参加した劉備らの姿もあった。

国を憂えて立ち上がった群雄

黄巾の乱は鎮圧されても、朝廷の権力争いは続いた。189年に時の皇帝である霊帝が死去すると、一部の宦官との抗争を経て、皇后の一族で大将軍だった何進が、自身の甥にあたる劉弁を帝位に就けた。

その後、何進が宦官の排除に乗り出そうとして暗殺されると、その配下であった袁紹や袁術（くわしくは73ページ参照）らが行動を起こし、宦官をほぼ一掃した。ただ、一部の宦官が新皇帝である少帝弁とその異母弟の劉協を連れ、都の洛陽（現在の河南省洛陽市）を脱け出してしまう。このとき、生前の何進からの要請を受け、軍を率いて洛陽を目指していた董卓（くわしくは72ページ参照）と皇帝一行が鉢合わせし、董卓は宦官を殺害して皇帝らを保護した。

董卓は皇帝一行をともなって洛陽に入り、何進の軍を吸収する。この軍事力を背景に董卓は朝廷の実権を握ると、少帝弁を皇帝の座から下ろし、劉協を新たな皇帝に据える。これが、後漢の最後の皇帝となる献帝だ。さらに**身内を取り立て、逆らう者は排除するなど、董卓が自分勝手に振るまったため、政治は大いに乱れた。**

そこで、董卓を討伐するよう檄文（人々に行動をうながすための文書など）が発せられると、各地の刺史や太守らがこれに応えて兵を挙げ、袁紹を盟主とした反董卓連合軍が結成された。とはいっても、全軍が合流したわけでなく、各地で結成された軍がそれぞれ董卓軍に戦闘を挑むという形だ。ちなみに、「演義」において檄文を発したのは曹操とされているが、実際は別の人物であり、曹操は軍を率いて連合軍に参加している。

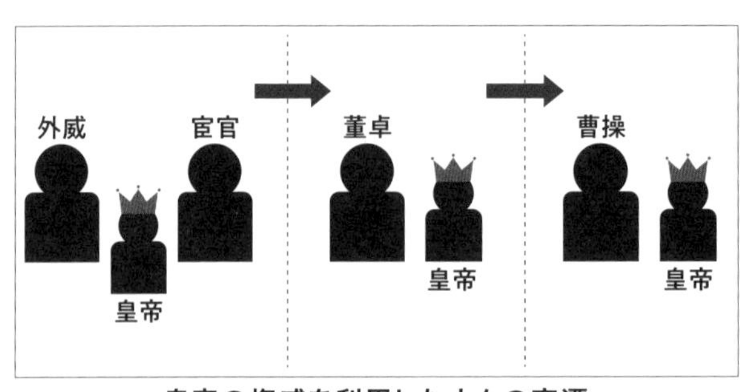

皇帝の権威を利用した人々の変遷

董卓軍と反董卓連合軍との争いは「演義」の見せ場になっている。関羽が董卓軍の将である華雄を討ち取った汜水関の戦い（実際は別の戦闘で孫堅が華雄を討ち取っている）、董卓軍きっての猛将である呂布に対して劉備・関羽・張飛の三者が力を合わせて挑んだ虎牢関の戦いが、よく知られている。ただ、汜水関・虎牢関という地はともに存在せず、そもそも劉備らが反董卓連合軍に参加していたかどうかもわかっていない。

両軍ともに決定的な勝利を得られないなか、反董卓連合軍は、盟主である袁紹とその身内である袁術との主導権争いが激化し、崩壊していった。

群雄が割拠する乱世に突入

孫堅軍との戦いに敗れた董卓は、新たな都として長安（現在の陝西省西安市）へと移動した。反董卓連合軍の崩壊もあって、董卓は長安でも実権を握り続け、暴政を敷いた。そんな董卓だったが、信頼していた身内の手によってあっけない最期を遂げる。暴政を憂いていた司徒の王允が、董卓に不満を抱いていた呂布をたきつけ、董卓の暗殺に成功したのである（くわしくは105〜106ページ参照）。

192年に董卓が命を落とすと、董卓の一族と董卓に与していた人々は、王允と呂布によって排除されていった。こうして政治が安定化すると思われたのも束の間、董卓の配下の武将に攻められ、王允は殺害され、呂布は逃亡した。その董卓の配下も内輪もめを起こし、その間に献帝は長安を離れる。**朝廷がまったく機能しなくなり、各地では群雄が勢力争いをくり広げていくことになる。**

豆知識

後漢の末期に著された歴史書『英雄記』によれば、董卓の遺体は市場にさらされ、そのへそにろうそくの芯をさして火をつけられたところ、肥満体だった遺体の脂が燃料となり、火は数日間、燃え続けたという。

04 日目 — 三国志のあらすじ② — 二勢力が曹操一強に待ったをかける

群雄割拠の状態から、ライバルを倒した曹操が大きな力を持つが、その前に劉備と孫権が立ちふさがる。

袁紹と袁術を中心とした群雄割拠

董卓が暗殺されたころ、曹操は兗州を本拠地として勢力の拡大を始めていた。その原動力となったのが、降伏した黄巾軍の残党から構成された青州兵だ。「演義」によれば、数は30万人にものぼり、その家族など非戦闘員を含めると100万人ほどになったという。**また、曹操は一般の農民に土地を与える屯田制を行い、経済的な基盤とした。**

曹操が青州兵を取り込んだ翌年の193年時点において、朝廷は機能しておらず、群雄が各地で割拠していた。その**中心は袁紹と袁術で、2人の動向を見ながら各地の群雄が争うというのが主な構図である。**

袁紹と袁術を中心とした対立構図

曹操の勢力範囲は、北は袁紹、南は袁術の勢力圏と接しており、袁紹とは手を組んでいた一方、袁術とは敵対していた。194年、曹操のもとに移動していた曹操の父親が徐州で殺害される。「演義」では、徐州を治める陶謙が護衛につけた配下が富に目がくらんで殺害したとされるが、陶謙は袁術派だったこともあり、そのいざこざに曹操の父親が巻き込まれた可能性が高い。

いずれにしろ、曹操は仇討ちという名目で193年に徐州に攻め込んだ。翌年にも曹操は徐州へと攻め込み、このとき、袁術からの援軍の要請を受けて、公孫瓚のもとで世話になっていた劉備軍が曹操軍と戦っているが敗れている。このまま曹操が徐州を占領するかと思われたが、兗州で反乱が起こったことから曹操軍は撤退した。

皇帝を保護して勢力を拡大する曹操

兗州での反乱は、放浪の身だった呂布を抱き込み、曹操の旧友である張邈や陳宮が中心となって起こしたものだった。またたく間に反乱軍に兗州の大半は占領されたが、曹操の配下である荀彧や程昱ら（くわしくは40～41ページ参照）はよくしのぎ、その間にもどってきた曹操軍によって反乱は鎮圧される。

曹操が去ってすぐ陶謙は病に倒れ、劉備に徐州をゆずると遺言して死去する。新たに徐州の主となった劉備のもとに、曹操に追われた呂布と陳宮がやってくると（張邈はすでに死去）、劉備は受け入れた。

しかし、徐州に攻め込んできた袁術軍に対応するため、劉備が出払った隙をつき、袁術の誘いにのった呂布が徐州を乗っ取ってしまう。行き場を失った劉備軍は仕方なく、呂布の傘下に収まった（呂布は早々に袁術と敵対関係となっていた）。乱世にあっては、恩を売った相手に裏切られることはそうめずらしいことではなかったのである。

196年、曹操は居場所がなかった献帝を、新たに勢力下としていた豫州の許（現在の河南省許昌市）に迎え入れる。**実質的な権威を失っていたとはいえ、皇帝という大きな後ろ盾を得たことは、曹操の立場に有利にはたらく。**そのよい例が袁術だろう。袁術が天子（皇帝のこと）

を自称したことで、"逆賊"と認定している。そのため配下だった孫策（192年に戦死した孫堅の子）が離れたほか、民の信望を失って勢力を失い、袁術は失意のまま病死した。

その後、紆余曲折を経て、劉備は呂布のもとを離れ、曹操のもとに駆け込むと城を与えられる。そこへ呂布が攻め込んでくるが、曹操軍と共闘してこれを破り、呂布と陳宮を処刑した。この結果、徐州も曹操の支配下に置かれることになる。

そのころ袁紹は、敵対していた公孫瓚を滅ぼすなどして幽州、冀州、并州、青州を支配下に収め、北方で最大勢力となっていた。そこへ、皇帝の側近らによる曹操の暗殺計画が発覚し、曹操のもとから逃れてきた劉備が身を寄せている（くわしくは46ページを参照）。

袁紹を倒して北方の勢力争いに勝利

たがいに障害（袁術と公孫瓚）が除かれたことで、曹操と袁紹はにらみ合いを始める。そして200年、両勢力は衝突する。この戦いは官渡の戦いと呼ばれる。「正史」によると、曹操軍が1万程度だったのに対し、袁紹軍は10万以上とされている。

袁紹陣営では、この戦いの方針をめぐって幕僚らが論争し、袁紹がなかなか決断できなかったこともあり、緒戦の戦いは曹操軍が勝利している。圧倒的な力を持つ袁紹軍を前に曹操軍は苦戦するも、袁紹軍の兵糧を断つことに成功し、最終的に勝利を収める（くわしくは100～101ページ参照）。

南下する曹操軍を撃退した孫権軍

官渡の戦いで袁紹軍が敗れると、劉備は荊州を治めていた皇族に連なる劉表を頼る。劉表は劉備を歓迎しつつ、曹操の勢力圏に接する前線の城を与え、曹操への牽制とした。そのころ曹操は、袁紹の亡きあとの袁家を滅ぼすと、さらに袁家に味方していた異民族を討ち、北方の覇権を確立した。そうして次は、荊州を含む南方に目を向けることになる。

劉備は荊州に滞在する間に頼もしい味方を得ている。それが荊州で暮らしていた諸葛亮だ（くわしくは48～51ページ参照）。

だが、それからまもなくして劉表が病死すると、後を継いだ劉表の子は、南下の構えを見せる曹操軍に戦わずして降伏してしまう。そのため劉備は城を捨て、曹操軍の追撃を受けながらも何とか南へと逃れる（くわしくは98～99ページ参照）。

曹操が荊州を手にしたとき、江東の地は孫権の勢力下にあった。孫権は、若くして死去した兄である孫策の後を継いで、孫策の右腕のような存在であった周瑜をはじめ、家臣団に支えられて、江東の地を守っていた。

そこに南への勢力拡大を目論む曹操から降伏勧告がもたらされる。対応をめぐり家臣団の意見は分かれるが、孫権は戦う決断をくだす。また、劉備陣営の使者として諸葛亮が孫権のもとを訪れており、劉備陣営と手を組む。こうして208年に起こるのが赤壁の戦いである。

曹操軍の兵力は孫権・劉備の連合軍を圧倒していたが、**周瑜の指揮のもと孫権の配下の武将らが活躍し、連合軍側が勝利を収めた**（くわしくは101～102ページ参照）。

豆知識

呂布は最期に命乞いをしたとされるが、「人々のなかで並ぶ者がない」という意味で「人中の呂布」とたたえられるほどの武勇を誇っていた。「正史」には、150歩離れた位置から、小さな的を弓矢で的中させたというエピソードがある。

― 三国志のあらすじ③ ―
劉備の台頭で三勢力が並び立つ

諸葛亮を得た劉備はようやく地盤を築き、大陸に三つの勢力が並び立つが、ついに後漢が滅亡する。

劉備がようやく本拠地を獲得

赤壁の戦い後も、曹操は荊州から完全に退いたわけでなく、信頼する将の１人である曹仁を残していた。その曹仁に対し、孫権は周瑜軍を差し向けるが、攻略できなかった。

両勢力が争っている隙に、最も得をしたのが劉備だ。曹操の影響力が弱まっていた荊州の南部を攻めて４郡（荊州全体は８郡）を獲得すると、自身が荊州の牧と名乗ったのである。孫権としては、“荊州は自分のものである”という立場だったが、曹操と敵対関係にあるため、これ以上敵を増やすわけにいかず、劉備の４郡の支配を認めた。

211年、曹操は涼州で起こった軍閥の一斉蜂起の対応に追われる。その盟主の１人だったのが、勇猛で知られた馬超だ。馬超軍に曹操は手こずったが、仕掛けた離間の計（疑心を生じさせて仲を引き裂く計略）がはまり、軍閥の結束は乱れ、そこを曹操軍は各個撃破していった。

この間、曹操は南方の平定をあきらめていたわけではなかった。孫権の勢力圏の最前線にあたる濡須口（現在の安徽省蕪湖市）に攻め込む。このとき、孫権はみずから軍を率いて曹操軍を撃退した。濡須口は両勢力の最前線となり、その後も何度となく戦いが行われていく。

荊州の南部を本拠地にしていた劉備だったが、**三つの勢力の係争地**

となっている荊州をいつまでも本拠地とするのは危ういため、益州の地をねらっていた。そんなとき、益州の地を治めてくれるよう、益州の名士から話を持ちかけられる。そこで劉備は、劉璋からの要請を受け、五斗米道という教団を主宰する張魯の討伐にかけつけ、益州に入る。劉璋とは、皇族に連なり益州の牧を務めていた人物である。

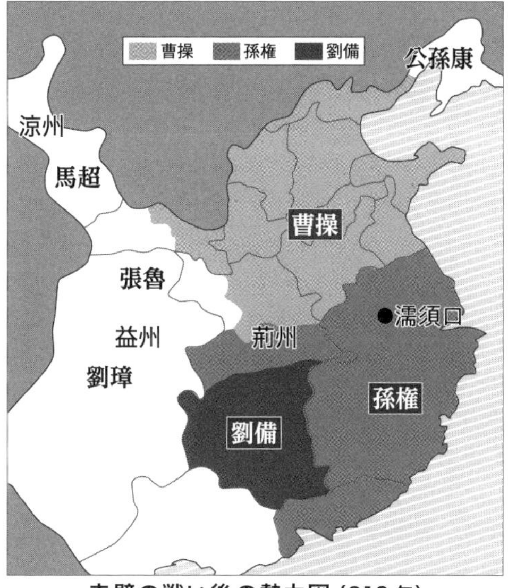

赤壁の戦い後の勢力図（212年）

だが、益州の乗っ取りをたくらんでいることを知られ、劉璋との戦いが始まる。途中、軍師の龐統が命を落とすが（くわしくは57ページ参照）、劉璋を降伏に追い込み、214年に劉備は益州を獲得した。

三国入り乱れての戦いが本格化

劉備が益州を得たことで、中国大陸には曹操、孫権、劉備という三つの大きな勢力が並び立つ。とはいえ、**孫権と劉備が力を合わせても、人口、経済力、軍事力のどれをとっても曹操の勢力におよばない。**そのため、劉備と孫権は協力関係を続け、曹操に対抗するはずだった。ところが、荊州をめぐって両勢力の関係はほころびを見せはじめる。

孫権は215年から１年間、216年から１年間、二度にわたって曹操軍の大攻勢を受ける。すると孫権は217年、曹操ではなく、あくまで“漢（献帝）に臣従する”という名目のもと、曹操と休戦協定を結ぶ。

同年には、劉備との協力関係の要だった魯粛が死去したことから、孫権は関羽の守備する荊州の地をうかがっていた。益州にいた劉備はそうとは知らず、216年に曹操が王（魏王）に封じられると、219年に漢中王を自称している（くわしくは47ページ参照）。

同じ年、関羽は軍を率いて曹操の勢力下にあった荊州の地に攻め込むと大勝利を収める。だが、このとき、孫権と曹操は手を組んでおり、両軍によって関羽軍は挟み撃ちにあい、孫権軍に捕らえられた末、処刑される。こうして劉備は荊州を失った。

関羽の首は曹操のもとへ送られると、曹操はこれを手厚く葬った。関羽を殺害してまもなく、孫権軍を率いていた呂蒙が病死し、それからまもなくして曹操も病死した。「演義」での呂蒙は、関羽の呪いを受けて絶命している（くわしくは66〜67ページ参照）。

魏の成立で始まった「三国時代」

220年に曹操が死去すると、子の曹丕は献帝より帝位をゆずられて（実質は帝位を簒奪して）皇帝に即位し、魏が建国された。**厳密にいえば、後漢が滅亡し、魏が成立したこの年から「三国時代」が始まる。**この曹丕の皇帝への即位を受けて、翌221年に劉備も皇帝に即位して、漢（蜀漢、または季漢）が建国される。劉備が国名を漢としたのは、“自分こそが漢の正統な後継である”ということを示すためである。

皇帝となった劉備が最初にとった軍事行動は、関羽の弔い合戦だった。しかも、その準備中に張飛も命を落としたことから、劉備の孫権に対するうらみはつのっていった。

準備を整えた222年、諸葛亮をはじめ多くの重臣の反対を押し切り、劉備は大軍勢を率いて孫権の勢力圏に侵攻を開始する。戦いの序盤こそ蜀軍の連戦連勝だったが、思わぬ反撃を受けて大敗する。劉備はかろうじて戦場から逃れたが、この夷陵(いりょう)の戦いで多くの有能な配下を失う。劉備自身も病に倒れ、そのまま死去した。

その後、蜀では、劉備の子である劉禅(りゅうぜん)が次の皇帝となり、丞相(じょうしょう)(皇帝のもとで国政を司る最高位の官吏)の諸葛亮がそれを補佐した。

魏の打倒を目指した諸葛亮の北伐

後漢が滅ぶと、孫権は曹丕(魏)に臣従し、221年に王(呉(ご)王)に封じられていた。しかし、夷陵の戦いののち、劉備と孫権の間で和解が進められると、これを知った曹丕は呉にたびたび攻め込むようになる。孫権はこの攻勢を退(しりぞ)けると、蜀との協力関係を再び構築した。

226年に曹丕が死去すると、子の曹叡(そうえい)が後を継いで皇帝となる。そのタイミングで蜀は孫権と手を組み、魏を倒すべく何度も挙兵する。これを北伐(ほくばつ)という。**229年には孫権が皇帝に即位し、呉が建国される。これにより、中国に三つの国家が並び立つ。**孫権は蜀と力を合わせて魏を滅ぼし、その領地を二分することを約束した。

北伐は諸葛亮みずから兵を率い、局地戦で勝利することもあったが、魏軍を率いる司馬懿(しばい)らにはばまれ、決定的な勝利を収めることができなかった。そして、第五次北伐が234年に決行される。両陣営が五丈原(ごじょうげん)(現在の陝西省宝鶏(ほうけい)市)という地でにらみあうなか、諸葛亮は病死する。これを受けて蜀軍が撤退すると、魏軍も兵を退(ひ)いた(くわしくは103ページ参照)。

豆知識

五斗米道は、張角(ちょうかく)を教主とする太平道(たいへいどう)と同じく道教を源流とし、教団名は信者に五斗(約7.5kg)の米を寄進させたことに由来する。教主の張魯はのちに魏に降伏して教団は解散したが、五斗米道を源流とする正一(しょういつ)教が現在も存在する。

「治世の能臣、乱世の姦雄」と評された改革者である曹操

「正史」では正統とされながら「演義」では悪役としてえがかれている曹操の生涯を紹介する。

徹底して法を重視した青年期

ここからは人物に焦点を当てて紹介していく。

「正史」を構成する一つ、『魏志』（魏書）のなかで、**曹操（字：孟徳）**の祖先は、前漢の建国の功臣の１人である曹参とされているが、真相は不明だ。しかも、祖父にあたる曹騰は高位の宦官（去勢した男性で皇帝の身の回りの世話などを行った）であり、曹操と血縁関係にない。

曹騰に気に入られ、その養子となったのが、曹操の実父の曹嵩だ。「正史」によると出自は不明だが、一説に前漢の功臣の家系である夏侯氏とされている。この説によるならば、曹嵩は、曹操の腹心である夏侯惇の叔父ということになる。

曹騰の養子として曹嵩は順調に出世を重ね、ついには官職の最高位で三公の一つである太尉（軍務大臣）に就く（ただし、1年と経たず辞職）。当時、官職

前漢
曹参
建国の功臣
夏侯嬰
建国の功臣
後漢
曹騰
曹嵩
曹嵩
※養子入り
曹洪
曹仁
曹操
夏侯惇
曹昂
曹丕
曹植
曹沖

曹操を中心とした系図

は売買の対象であり、資産家だった曹嵩はその財力を元手にしたとされている。

こうして、曹操は高級官吏の子として箔がついたが、父親が金で高位に就いたこと、祖父が宦官だったことにコンプレックスを抱いていたからなのか、**若いころは素行がよくなかったという。**そんな曹操も、清廉潔白な官吏として世に知られた橋玄と出会って態度を改める。20歳のころには洛陽北部尉（都である洛陽の北門の守備隊長）となり、身内であろうときびしく取り締まるなど職務に忠実にあたっている。

このころ、人物批評家の許劭からは**「治世の能臣、乱世の姦雄」**（平和な世では優秀な官吏だが、世が乱れていれば悪名を馳せる）と評されている。また、「正史」の編者である陳寿から「非常の人、超世の傑」（非常にすぐれ、時代を超えて傑出した人物）と評されている。

184年に黄巾の乱が起こると、曹操は騎都尉（皇帝直属の騎兵の隊長）に任命されて、黄巾賊の討伐で成果をあげた。その功績により済南国（現在の山東省済南市の一帯）の相（都にいる王の代理として現地で統治する）に任命され、そこでも不正を取り締まり、名声を高める。

相を務めたのちの188年には、朝廷が新たに設置した西園八校尉（8つあった皇帝の親衛隊の隊長）の1人に選ばれる。ここには旧友であり、のちにライバルとなる名家出身の袁紹も名を連ねていた。

その後の董卓の専横に際しては、家財を売り払って5000の私兵を集め、反董卓連合軍に加わっている。とはいえ、連合軍のなかでは弱小勢力で、袁紹の配下のような立場だった。

「正史」から見えてくる曹操の人物像

「演義」における曹操は悪役であり、そのことを際立たせるエピソードがいくつもある。代表的なものが、自身をかくまってくれた呂伯奢という商人の一家を殺害したというものだろう。

董卓の専横が始まると、曹操はその配下となることを拒み、都を離れ（「演義」では董卓の暗殺に失敗したため）、逃げる途中、立ち寄った呂伯奢の家で事件は起こった。「正史」では正当防衛のために一家を殺害したとあり、「演義」では自身の勘違いで一家を殺害したうえ「私が人を裏切っても、他人に私を裏切らせはしない」と開き直っている。

また「正史」によると、徐州の牧である陶謙の部下に父の曹嵩が殺害されたことをきっかけとして徐州に攻め込むと、その民を万単位で殺害したという。

その一方、曹操は人材の登用に熱心で、たとえ、自身と敵対したことがあっても、才能があれば許して配下にすることもあった。賈詡（くわしくは42ページ参照）もそんな1人だ。**出身や性格ではなく、能力を重視したことも、曹操のもとに優秀な人材が集まった要因だろう。**

年	できごと
155	沛国譙県（現在の安徽省亳州市）に生まれる
174	推薦されて官吏となる
190	反董卓連合軍に参加する
196	自勢力に献帝を迎え入れる
200	官渡の戦いに勝利する
208	赤壁の戦いに敗れる
213	魏公に封じられる
216	魏王に封じられる
220	66歳で没する

曹操の略歴

さらには、居場所を失って流浪の身となっていた**献帝を勢力下の許（現在の河南省許昌市）に迎え入れ、朝廷の機能を復活させた。**「演義」での曹操は、献帝を傀儡としている点が強調されている。

200年には袁紹との一大決戦である官渡の戦いに勝利する。北方の敵をあらかた打倒した曹操は、いよいよ南征に向けて準備を開始する。その最中の208年には三公が廃止され、丞相と御史大夫に再編され（くわしくは5ページ参照）、曹操が就任した。丞相はほとんどの政治的な権限を司るため、曹操にますます権力が集中したことを意味した。

ただ、曹操は赤壁の戦いで大敗し（くわしくは101〜102ページ参照）、その後も孫権の勢力圏に何度も侵攻したがうまくいかず、のちに三国が並び立つ状況が生まれることになる。

王になっても皇帝にはならなかった

赤壁での敗戦後の213年、献帝によって曹操は諸侯に取り立てられ、「魏公」の称号を得た。魏という名称は、曹操が本拠地とした鄴が魏郡（現在の河北省南部から河南省北部の一帯。安陽市を含む）に位置したことに由来する。216年には「魏王」となる。本来、皇族以外は王になれない決まりのため、異例ともいえるできごとだった。このことは、曹操が皇位に就くためのお膳立てととらえられることもあるが、魏王への就任は献帝側からの申し出によるものだ。

そして曹操はその地位のまま、220年1月に死去する。**最後まで帝位に就くことはなかった。**死に際して「まだ天下が治まっていないので葬儀は簡素に、将軍は持ち場を離れず、官吏は職務に努めよ」と遺言している。その後継者である曹丕は、220年10月、献帝に皇位をゆずられる形で皇帝となり、魏が建国された。魏という国家は中国史上にいくつか存在するため、曹操を祖とする魏は「曹魏」とも呼ばれる。

豆知識

2005年に河南省安陽市で発見された墓から遺骨が見つかった。調査の結果、年齢は60歳前後、身長155cmほどと推定され、曹操の遺骨と断定される。2023年には、出土品が展示された曹操高陵遺跡博物館が開館した。

強大なリーダーシップのもと活躍した曹操陣営の武将たち

曹操の身内をはじめ、曹操に才能を認められた者が将として活躍し、曹操の勢力拡大に尽力した。

曹操軍の中核となった一族の将

曹操が旗揚げした当初、5000の兵をかき集めたことは33ページで紹介したとおりだ。その軍の中核をなしたのが、曹操が最も頼りにしていた同郷の４人の武将である。

夏侯惇（字・元譲）は、一説に曹操の従弟ともされる。戦いの最中に左目を負傷して隻眼となり、「盲夏侯」と呼ばれていた。「演義」では、当代随一の猛将である呂布が率いる軍との戦いの最中、敵の放った矢が左目に刺さる。その矢を眼球ごと引き抜くと、「親からもらった体の一部を捨てられるかっ！」と言って眼球を飲み込む場面がえがかれている。曹操の右腕とも呼べる存在で、曹操に臣下の礼をとる必要がなく、寝室にも入ることを許されていた。曹操の死後に大将軍となるが、曹操の死から３カ月後、後を追うように死去する。

夏侯惇
（?〜220年）

夏侯淵（字・妙才）は、夏侯惇の族弟（遠縁の従弟）とされ、曹操の妻の妹を妻としていた。後方支援が主な仕事だったが、迅速に行軍し、奇襲攻撃を得意とした。「演義」では夏侯惇の弟とされ、弓の名手としてえがかれている。

「演義」で最も損な役回りなのが、曹操のはとこの**曹仁（字・子孝）**かもしれない。劉備軍との戦いで何度も敗れる様がえがかれているからだ。実際は騎兵部隊の司令官として数々の戦いで活躍し、最高司令官である大将軍、大司馬となり、４人のなかで最も出世している。

最後の**曹洪（字・子廉）**もやはり曹操のはとこだ。将軍として数々の戦場に立ち、武功を重ねていった。曹操が危機に陥った際、自身の馬を渡し、徒歩でつき従ったというエピソードを持つ。

命をかけて曹操を護衛した怪力の将

戦場に立つこともある曹操の側には護衛隊が存在し、その隊長のような役割を果たしたのが、**典韋（字は不明）**と**許褚（字・仲康）**だ。

典韋
（？～197年）

典韋は夏侯惇がスカウトしてきた豪傑で、重さ80斤（約20kg）の武器を軽々と振り回す怪力の持ち主だった。曹操が夜襲を受けて命の危機にさらされた際には、典韋が門の前で敵の侵入を防ぎ、２人の敵を両脇に抱え、無数の傷を負いながら立ち往生したという。

許褚は身の丈８尺（約184cm）、腰回り十囲（約120cm）で怪力の持ち主だった。虎のように強かったが、普段はボーっとしていたので「虎痴」と呼ばれていた。猛将として名高い馬超の奇襲を受けたとき、曹操を船に乗せ、左手で馬の鞍を掲げて雨のように降り注ぐ矢を防ぎつつ、右手で櫓（船をこぐための細長い木の板）をこいで危機を脱したと「正史」にある。

蜀と魏との戦いで活躍した五将軍

曹操の配下武将のなかでも、とくに功績のあった5人の将軍を「五将軍」という。「演義」における蜀の「五虎大将（ごこ）」と対比する形で設けられたのだろう。**張遼（ちょうりょう）（字・文遠（ぶんえん））**、**楽進（がくしん）（字・文謙（ぶんけん））**、**于禁（うきん）（字・文則（ぶんそく））**、**張郃（ちょうこう）（字・儁乂（しゅんがい））**、**徐晃（じょこう）（字・公明（こうめい））**の5人を指し、「正史」では「張楽于張徐伝」という列伝でひとまとめに語られている。

5人は曹操軍の出陣時は交代で先鋒（せんぽう）を、撤退するときは殿（しんがり）（軍の最後尾について敵の攻撃をくいとめる役）を務めた。そのなかでも楽進は、曹操が董卓を討つために決起したとき以来の生え抜きの人材だ。于禁と徐晃も早くから曹操の陣営に加わっている。楽進と徐晃は攻勢に、于禁は守備にすぐれていた。

張遼
（165年？～222年？）

張遼は、もとは丁原（ていげん）（73ページ参照）、その死後は董卓（とうたく）、そのまた死後は呂布の配下となった人物だ。呂布が曹操に敗れて処刑された際に降伏し、以後はその配下となった。孫権陣営との戦いで大いに活躍したほか、義理堅さもあって曹操陣営の武将のなかでもとくに人気が高い。

張郃は袁紹の元配下だが、袁紹軍と曹操軍による官渡（かんと）の戦いを経て袁紹に見切りをつけ、曹操の配下となった。蜀との戦いで諸葛亮（しょかつりょう）の北伐（ほくばつ）をはばむ活躍を見せている。蜀にとっては厄介（やっかい）な相手であったことから、蜀びいきの「演義」では短気で思慮（しりょ）の浅い人物とされているうえ、最期は諸葛亮の策にはまり、全身に矢を浴びて命を落としている。実際に矢を受けて命を落としているが、司馬懿（しばい）の失策に巻き込まれてのものだ。

不遇の最期を迎えた蜀を滅ぼした将

曹操のもとで活躍した武将の多くは、曹丕とその次の皇帝である曹叡の代までは戦場に立っていた。ただ、司馬懿をはじめとする司馬一族が権力を握ったころ（くわしくは85ページを参照）には世代交代が進んでおり、そのもとで主に活躍したのが、**鄧艾（字・士載）**と**鍾会（字・士季）**だ。

諸葛亮の亡きあと、蜀の軍事部門を担った姜維が北伐を何度も行ったことで、蜀の国力は低下していた。この機に蜀を滅ぼすべく、魏は、司馬懿の二男である司馬昭を総指揮官とし、鄧艾や鍾会といった将らが大軍を率いて蜀に侵攻する。そして鍾会軍が姜維軍と対峙する間に、鄧艾軍が蜀の都である成都（現在の四川省成都市）に迫ると、皇帝である劉禅は戦わずに降伏し、蜀は滅亡した。

蜀を滅亡させた２人だったが、その功績が報われることはなかった。蜀の滅亡後、鄧艾は成都に留まり、劉禅を丁重にあつかい、治安を維持しつつ、長江をくだって呉へ侵攻するよう朝廷に進言した。しかし鄧艾の進言は受け入れられなかったうえ、鍾会に「反乱の疑いがある」と朝廷にうったえられたことで捕らえられ、一度は解放されたが、結局、味方の手にかかって殺害された。

一方、野心家だった鍾会は、降伏してきた姜維にそそのかされ、魏から独立しようとクーデターを起こしたものの失敗に終わり、やはり殺害された。

豆知識

「演義」をもとに書かれた吉川英治の小説『三国志』（1940 ～ 1946年刊行）では、張郃は三度も戦死させられている。生き返ったという設定ではなく、著者の記憶違いによるものだろうが、それだけ劉備軍にとって厄介な相手だったのだ。

優秀な人材の宝庫だった曹操陣営の軍師・行政官

自身がすぐれた戦略家でもあった曹操を超えるほどの知謀の士が、曹操のもとで存分に計略をめぐらせた。

曹操を支えた同郷の知謀の士

自身がすぐれた軍略家でもあった曹操（そうそう）が必要としたのは軍師ではなく、忠実に命令を遂行する、今でいう官僚のような人材だったといえる。だが、そんな曹操陣営にあって曹操を知略の面で大いに支えたのが、豫州（よしゅう）潁川郡（えいせんぐん）潁陰県（えいいんけん）（現在の河南省（かなんしょう）許昌市（きょしょうし））出身の荀彧（じゅんいく）と郭嘉（かくか）だ。

荀彧
（163年～212年）

荀彧（字（あざな）・文若（ぶんじゃく））は「性悪説」を唱えた儒家（じゅか）である荀子（じゅんし）の子孫とされ、若くして「王佐（おうさ）の才（さい）」（王を補佐する才能）があると評価されたほどの名士だ。初めは袁紹（えんしょう）の配下となるも見限り、曹操に身を寄せた。曹操は「私の張良（ちょうりょう）が来た」と言って喜んだという。張良は、漢（かん）（前漢（ぜんかん））を建国した劉邦（りゅうほう）の軍師で、建国の功臣とされる人物である。

荀彧は行き場がなかった献帝（けんてい）を迎え入れるよう進言したほか、曹操が遠征中にその本拠地を呂布（りょふ）軍に攻められたときは城を守り抜くなど、曹操の参謀としてなくてはならない存在だった。

ところが、2人の仲は冷めていく。曹操の権力が増大していくことを、漢の復興を大事と考える荀彧はよく思っていなかったからだ。そんな荀彧のもとに、曹操から空箱が贈られてくる。荀彧はこれを「(自分のことは) 用済み」だと察し、毒を飲んで自害した。

荀彧は曹操に多くの名士を推挙し、そのほとんどが重臣となっている。**郭嘉 (字・奉孝)** もその1人だ。郭嘉と対面した曹操は「私の大業を成功させてくれるのはこの男だ」と喜び、郭嘉も「真の主君に会えた」と述べている。

郭嘉
(170年〜207年)

先見性にすぐれる郭嘉は、劉備の裏切り、孫策の死、袁紹が亡きあとの後継者争いなどを見越していた。また、袁紹との一大決戦を前に不安がっている曹操に対し、曹操と袁紹とを10の項目で比較し、いずれも曹操のほうがすぐれているとしてはげましている。

その後の北方の異民族を討伐する際に郭嘉は同行し、その帰還時に体を壊し、まもなく死去した。のちに赤壁の戦いで敗北したとき、曹操は「郭嘉が存命であれば敗れなかっただろう」と嘆いたという。

曹操に従う曲者ぞろいの軍師たち

曹操の配下にはほかにも智謀の士がそろっていた。

荀攸 (字・公達) は荀彧の甥にあたるが、年齢は荀彧よりも上で、曹操軍の筆頭軍師として機密を司る立場にあった。「演義」では荀彧と同じく曹操が王に封じられることに反対して怒りを買ったとされるが、「正史」では曹操が公に封じられるのを後押ししている。曹操は「20余年いっしょにいて、一つの失策もなかった」と荀攸をたたえている。

先にも述べた、曹操の留守中に呂布が攻めてきた際、**程昱 (字・仲徳)** は荀彧と力を合わせて曹操の本拠地を死守している。曹操が荀彧を自害に追い込むと、身の危険を感じて引退したが、曹丕の代に復帰している。

賈詡（字・文和）はもともと董卓の陣営に属し、董卓軍が崩壊すると、その一派である張繡に仕えた。そして、一時は曹操が命を落とす寸前まで追いつめる（くわしくは126ページ参照）。その後、曹操が袁紹との決戦を控えていた際、「曹操は少しでも味方を増やしたいはずなので、どんなにうらんでいても今なら降伏を受け入れる」と張繡に説く。その読みどおり、曹操は不倶戴天の敵であるはずの張繡と賈詡を自陣営に迎え入れた。

曹操のもとでも賈詡は能力を発揮する。猛将である馬超が攻めてきた際には内部争いを引き起こさせ、馬超軍を崩壊に追い込んだ。さらに、曹操が後継者をどの子にするか悩んでいた際、年長者を立てるよう進言したことから、曹操の後継である曹丕のもとでも重用された。

才能を発揮するも明暗を分けた文官

「正史」において、荀彧、荀攸、賈詡の３者で「荀彧荀攸賈詡伝」という列伝に一つにまとめられ、程昱と郭嘉は「程郭董劉蔣劉伝」という列伝に董昭、劉曄、蔣済、劉放といっしょにまとめられている。

董昭（字・公仁）は荀彧とは反対に、曹操に王となるよう勧めた人物だ。**劉曄（字・子揚）**は「正史」によれば魯粛の友人で、曹操に仕えて謀略を得意としたという。**蔣済（字・子通）**は曹操に対しても堂々と意見する豪胆さを持ち、曹操に信頼された。**劉放（字・子棄）**は曹操から曹叡まで仕え、皇帝が発する布告文（法令など）を多く作成している。

このほかに、司法官だった**満寵（字・伯寧）**もその名が知られている。

のちに武将としても活躍し、厳格で公明正大だったことから民衆に慕われ、異動となると、その地まで民衆がついて行こうとしたほどだったという。

警戒されつつ重用された賢臣

司馬懿
(179年〜251年)

曹操の覇業の後半を支えた人物が**司馬懿（字・仲達）**だ。名門である司馬一族の８人兄弟の二男として生まれた。いずれも優秀だった兄弟のなかでもとくに才能にあふれ、評判であったため、曹操に仕えるよう求められるが、病気を口実に一度断っている。

それでも曹操に強引に誘われてようやく家臣となり、年齢の近い曹丕の幕僚となる。曹丕は司馬懿を信任し、息子で後継者である曹叡を補佐するよう命じた。この曹叡のもと、司馬懿は呉、蜀と戦い、公孫氏を滅ぼしている（くわしくは84ページ参照）。

あまりに多大な功績をあげたことから、晩年は曹一族に敵視され、実権を奪われてしまう。そこで病気と偽って家にこもり、相手が油断したところでクーデターを決行し、実権を奪うことに成功する。司馬懿は皇帝にならなかったが、孫の司馬炎は帝位をゆずられ、晋を建国した（くわしくは86〜87ページ参照）。

曹操は生前、司馬懿について「一介の臣下で終わる男ではない」と評価し、曹丕に警戒するよう忠告していたが、その不安は的中した。

豆知識

司馬懿は、体が前を向いた状態のまま、首を180度回して後ろを向けたという。これを「狼顧の相」といい、用心深い狼のように警戒心が強い人物とされた。そのとおり、司馬懿は主君から疑われないよう細心の注意を払っていた。

長きにわたる流浪の末、皇帝にのぼりつめた劉備

故郷で義勇軍を結成してから、乱世を戦い抜いて、ついに劉備は、一国の王にまで出世した。

若いころはアウトローとも友好を結ぶ

「正史」の編者である陳寿(ちんじゅ)は、**劉備(りゅうび)（字(あざな)・玄徳(げんとく)）について「度量が大きい」「意志が強い」「礼節（礼儀）を重んじる」などと評している。**これは「演義」を読んで抱く劉備の主なイメージと一致するだろう。

劉備の祖父は県令(けんれい)（県の長官）を務め、父も郡の官吏だった。だが、祖父も父も幼いころに失くしたため、母とむしろ（敷物）を織って生計を立てていたという。15歳で叔父(おじ)の援助を受け、同郷でかつて中央政府の高級官吏で名士の盧植(ろしょく)に師事し、学問をはじめ剣術や馬術を学ぶ。その際、地方の有力豪族の公孫瓚(こうそんさん)と親しくなっている。

とはいえ、劉備は学問には熱心に取り組まなかった。狩猟(しゅりょう)や音楽、ファッションに入れ込んだほか、賭博(とばく)を行い、侠客(きょうかく)（アウトロー）らと交友を結ぶなど、町で一目置かれる存在だったという。それもあってか、黄巾(こうきん)の乱が起こり、劉

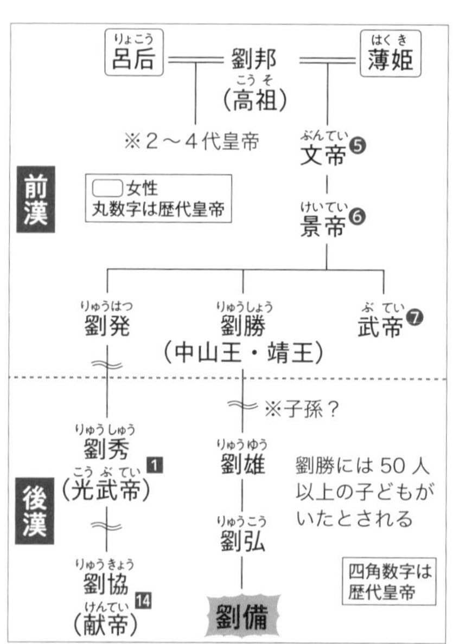

劉備を中心とした系図

備が義勇軍を結成して立ち上がった際、期待を寄せる地元の商人から多額の資金援助を受けている。

そして、劉備という人物にとって何より欠かせなかったのが“血筋”である。劉備はつねづね、**出会った人に対し、「自分は中山靖王（ちゅうざんせいおう）の子孫」と名乗っていた。**つまり、自分には貴人の血が流れているというわけだ。血筋は劉備という存在に箔（はく）をつけるとともに、劉備の人生の指針となっていく。義勇軍のリーダーになったことと商人から支援を受けたことは、人柄とは別に血筋も大きく物を言っただろう。

「演義」ではえがかれない粗暴な面も

劉備が率いる義勇軍は戦功を上げた。そうして黄巾の乱の鎮圧後に恩賞として与えられたのは、県尉（けんい）（県の警察署長）の職だった。

任官からしばらくして、劉備の仕事ぶりをチェックしに都から監察官が派遣される。この監察官に面談を断られると劉備は激怒し、監察官を縛（しば）り上げて木につるして杖（つえ）で200回もたたいた末、辞職する。上記のエピソードは「正史」での記述だ。一方、「演義」では監察官が劉備に賄賂（わいろ）を要求し、これに怒った張飛（ちょうひ）が行ったこととされている。「演義」における劉備のイメージをくずさないための改変なのだろう。

その後の戦いでも手柄を立てた劉備は県令に任じられるが、すぐ職を辞している。地方の官吏では満足できなかったのかもしれない。

これらのエピソードからは、信義一辺倒ではない、劉備の野心とプライドが見え隠れする。

かつての敵対した相手からも優遇される

職を手放した劉備は放浪（ほうろう）するが、どこに行っても歓迎された。旧友の公孫瓚のもとを訪れ、その推薦で青州にあった平原国（現在の山東省の徳州市一帯）の相（長官）となった。それから徐州を治める陶謙に請われて援軍におもむき、死の間際の陶謙に徐州を託される。

そのうち、流浪していた呂布を迎え入れるも、その呂布に徐州を奪われてしまう。そこで曹操と共闘して呂布を倒したのち、曹操の案内で都だった許（現在の河南省許昌市）におもむき、献帝と対面する。ここで、**"皇族である"というお墨付きをもらうとともに、左将軍（中位の将軍職の一つ）に任じられる。**

そんなあるとき、劉備が曹操との酒の席で当代の英雄について論じていた。不意に曹操が「今の世の英雄は君と私だけだ」と言われ、雷におどろいたフリをして箸を落とし、その場をごまかしたというエピソードが「正史」にも「演義」にも記述されている。ただ、2人の友好関係も長くは続かない。曹操の暗殺計画に劉備も加担していたからだ。このことは**「正史」での「野心家」「油断ならない人物」といった劉備の評価を裏づけている。**

年	できごと
161	幽州涿郡涿県(現在の河北省保定市涿州市)の楼桑村に生まれる
184	黄巾の乱に際し、義勇軍を結成する
194	徐州の牧をゆずられる
209	荊州の牧を自称する
214	益州を占領し、牧を自称する
219	漢中王を自称する
221	帝位に就く
223	63歳で没する

劉備の略歴

劉備はかつて敵対していた袁紹のもとに駆け込むと、そこでも歓待された。しかし、袁紹が官渡の戦いで曹操に敗れると、荊州を治め、皇族に連なる劉表のもとに身を寄せる。

信頼する諸葛亮に後事を託す

劉備軍は個々の戦いには強いが戦略にうとく、勢力基盤を築けずにいたが、荊州で諸葛亮を陣営に迎え入れる。その矢先、劉表が病死し、荊州は曹操の手に落ちる。劉備は放浪する羽目になり、劉備を慕って数十万の荊州の民がつき従ったと伝わる（くわしくは98〜99ページ参照）。

この間に、諸葛亮の活躍により、劉備は孫権陣営と協力関係を結ぶことに成功する。そうして起こった赤壁の戦いによって曹操軍を撃退したのち、劉備は荊州の南部４郡を獲得した（くわしくは101〜102ページ参照）。続いて、皇族に連なる劉璋が治める益州を手にいれる。

劉備が益州と荊州の南部を手にしたことで、曹操、孫権らの勢力と並立する勢力図が形づくられた。

216年に曹操が魏王に封じられたのに対抗し、219年に劉備は「漢中王」を名乗る。漢中王というのは、劉邦が皇帝になる前、「漢王」に封じられ、益州の一部を領地にしていたことにならったものだ。

さらに220年、曹操の子である曹丕が献帝から帝位をゆずられると、その翌年、**劉備は皇帝に即位し、“漢の後継である”と主張した。**劉備は皇帝になるにあたって、献帝が殺害されたという報せ（実際は殺害されていない）を受けたことを根拠としているが、その報せを利用した、もしくはでっち上げたという可能性は否めない。

劉備は荊州をめぐって孫権陣営と対立し、219年に荊州を失い、苦難を共にした関羽が孫権軍に殺害されたため、孫権を攻める準備を進める。その最中、張飛が不慮の死を遂げた。周囲が止めるのも聞かず、劉備は軍を率いて侵攻する。結果、多くの将兵を失い、劉備自身は病に倒れると、諸葛亮に遺言し、この世を去った。

豆知識

「演義」には劉備の身体の特徴が描写されている。身長は７尺５寸（約178cm）で、手がひざまで届くほど長く、耳は振り返ると自分で見えるほど大きかったという。これは読者に“ただ者ではない”と思わせるための設定とみられる。

すぐれた知謀をもって劉備に仕えた諸葛亮

主君である劉備と出会い、その知謀をもって劉備を助け、劉備が亡きあとも諸葛亮は忠義を貫いた。

数々の伝説に彩られた天才軍師

すぐれた軍略をもって主君を支える参謀のことを「軍師」という。役職としては後漢の以前からあったが、重視されるようになったのは三国時代からで、その代表的な人物といえば、**諸葛亮（字・孔明）**だ。

父を早くに失い、戦乱に巻き込まれないために生まれ故郷を離れ、叔父である諸葛玄の手引きで荊州の襄陽（現在の湖北省襄陽市）に移り住んだという。以後、晴耕雨読の暮らしを送ることになる。

学問が盛んだった荊州で水鏡先生と呼ばれる司馬徽を師とあおぎ、学友にはのちに参謀として曹操に仕える徐庶がいた。このころの諸葛亮は自身を歴史上のすぐれた政治家や武将になぞらえていたが、まともに取り合ったのは徐庶を含めたわずか

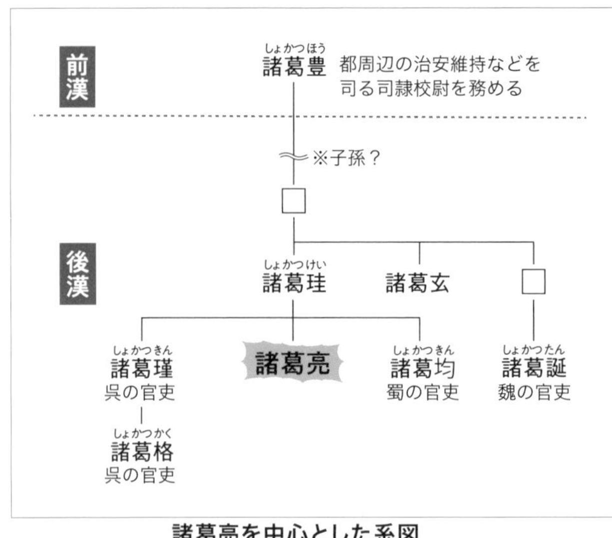

諸葛亮を中心とした系図

な友人だけだったという。

また、土地の名士である龐徳公という人物は、**諸葛亮を「臥龍」（眠っている龍）、自身の甥である龐統を「鳳雛」（鳳凰の雛）と評している。** どちらも傑出した才能を持ちながら、世に出ていないことをたとえたものだ。

そんな諸葛亮が世に出るきっかけとなったのが、劉備との出会いだった。諸葛亮の住居に足を運んだ劉備に対し、諸葛亮は漢の復興のための道筋を示した。その内容は、まずは荊州、益州を取って孫権と手を結んでから、曹操を滅ぼすというものだ。これは一般的に「天下三分の計」として知られている（くわしくは104〜105ページ参照）。この構想にひかれた劉備は、諸葛亮を自陣営に加わるよう誘い、諸葛亮はこれに応じた。

劉備の配下となった諸葛亮は、孫権と面会し、劉備と孫権は手を組むことになる。その後、赤壁の戦いを経て、劉備は広大な荊州の全８郡のうち南部の４郡を支配下に置き、馬良や龐統といった荊州の名士を陣営に加えた。諸葛亮の加入によって、武装集団に過ぎなかった劉備陣営が初めて安定した地盤を得たのである。

忠義一辺倒ではなかった君臣関係

劉備が益州の攻略に動きはじめた際、諸葛亮は荊州の地に留まって留守を預かっていた。ところが、劉備に同行していた軍師の龐統が命を落とし、益州での戦いが本格化すると、諸葛亮は劉備に合流し、益州の獲得に貢献した。

益州を獲得してまもなく、孫権陣営との協力関係がくずれ、それをきっかけとして関羽と張飛が立て続けに命を落とす。なお、張飛が死去する前、劉備は皇帝となり、漢（蜀漢、または季漢）を復興すると、**諸葛亮は丞相（皇帝のもとで国政を司る最高位の官吏）に任じられている。**

劉備みずから大軍を率いて孫権の勢力圏に攻め込んだ夷陵の戦いで蜀軍は大敗し、劉備は病に倒れ、そのまま息を引き取った。劉備は死の間際、「（息子の）劉禅に才があれば補佐してほしい。そうでなければ君（諸葛亮）が国を治めてほしい」と言い、これを聞いた諸葛亮はひれ伏して劉禅を支えることを誓ったという。

この場面は一般的には美談とされるが、じつは、それとは異なる見方もある。劉備と諸葛亮は固い絆で結ばれていたが、先般の呉への出兵の是非をはじめ、意見の食い違いはたびたびあり、劉備は必ずしも、諸葛亮に完全に気を許していたわけではなかったのである。何よりも、劉禅と諸葛亮の器をくらべたとき、どちらが為政者にふさわしいかは歴然だった。そこで劉備は、あえて受け入れられないであろうことを口にすることで、諸葛亮が帝位に就かないよう牽制したのだ。忠義に厚い諸葛亮が帝位に就くことはないとわかっていただろうが、保険をかけたのだろう。

劉備のこの思惑を諸葛亮が見抜けないはずはないが、断った以上は劉禅に尽くすしかなくなった。こうして、蜀の２代皇帝となった劉禅のもとで、諸葛亮は蜀に忠義を尽くしていく。

年	できごと
181	徐州琅邪郡陽都県（現在の山東省臨沂市沂南県）に生まれる
194	荊州に移り住み、司馬徽に師事する
207	劉備と出会い、仕える
214	劉備の益州への侵攻に参じる
221	皇帝に即位した劉備のもとで丞相となる
227	北伐（第一次）を開始する
234	54歳で没する

諸葛亮の略歴

「演義」の後半の主役は諸葛亮

蜀の実権を握った諸葛亮は、農業開発や治水事業を推進して国力を高めた。また、蜀の南方で反乱を起こした豪族の孟獲（「演義」では南蛮王（なんばんおう）を自称）を降伏させ、南方を安定化させている。

そうして準備を整えた諸葛亮は、北伐（ほくばつ）を決行するにあたって、劉禅に1通の文書を奉じる。これは「出師（すいし）の表（ひょう）」と呼ばれ、中国史上において名文とされている（くわしくは99ページ参照）。

諸葛亮は五度にもわたって北伐（ほくばつ）を実行するも、魏を打倒することはできず、陣中で没した。**丞相として内政を主導しつつ、たび重なる大遠征を実行できたのは、諸葛亮がいかにすぐれていたかを示している。**

「正史」を編纂（へんさん）した陳寿（ちんじゅ）は、諸葛亮の残した文章を集めた『諸葛氏集』を編纂したことが高く評価され、それがきっかけで「正史」の制作を命じられている。もともと陳寿は蜀に仕えていたことから「正史」は全体として蜀びいきであり、さらに『諸葛氏集』を編纂していることから陳寿は諸葛亮に強い思い入れがあったのだろう。

それから時代を経て、明（みん）の時代に成立した「演義」において諸葛亮は、綸巾（かんきん）と呼ばれるかぶりものを身につけ、羽扇（うせん）と呼ばれる鳥の羽でできた団扇（うちわ）を手にした出（い）で立（た）ちをし、ただの参謀ではなく、人智を超えた能力を身につけていると読者に抱かせる存在となる。「演義」の前半は劉備を中心に関羽（かんう）と張飛（ちょうひ）の活躍がえがかれているが、劉備の没後にあたる後半は、諸葛亮が主役とされたのである。

豆知識

中国で有名な軍師に劉基（りゅうき）がいる。元（げん）の末期に生まれ、世の中が乱れるのを憂（うれ）え、のちに明を建国する朱元璋（しゅげんしょう）と出会い、その軍師として活躍した。明の初期に成立した「演義」でえがかれる諸葛亮は、この劉基を参考にしたという。

その人柄にほれて集った劉備陣営の武将たち

劉備の人柄にほれて、関羽や張飛をはじめ、武勇に秀でた豪傑たちが次々とつき従うようになる。

義兄弟ではなくとも固い絆で結ばれた三者

「願わくは、同年同月同日死せん」――いわゆる「桃園の誓い」で劉備、関羽、張飛の三者は義兄弟の契りを結ぶ。「演義」のはじまりでもあるこのエピソードは、じつは創作だ。とはいえ、「劉備は関羽と張飛に兄弟のような温情をかけ、関羽、張飛は片時も劉備のそばを離れず、左右に控えていた」と「正史」には書かれている。

関羽は司隷の河東郡解県（現在の山西省運城市）の生まれとされる。身長は９尺（約208cm）あり、腰まである見事なひげをたくわえていたことから、「美髯公」とも呼ばれた。ひげが長かったのは、罪を犯したか何か問題を起こして逃亡する際に人相をごまかすためだったともいわれるが、真実かは定かではない。もとの字は「長生」だったが、「雲長」という偽名を名乗ったと「正史」に書かれている。

関羽
（？～219年）

一方、**張飛（字・益徳）**は劉備と同じ幽州涿郡涿県（現在の河北省保定市）の生まれで、忠義店という村の肉屋の子として生まれたという伝説がある。身長は８尺（約184cm）に豹のようなゴツゴツした頭、どんぐり眼という見た目で、

張飛
(?～221年)

幽州の地にかつて「燕」という国家が存在したことから「燕人張飛」と名乗っていた。“酒好きの乱暴者”というイメージが強いが、これは「演義」での設定であり、実際に酒好きだったかはわからない。

2人は敵対した曹操、孫権の陣営からも「1人で1万人の軍勢に匹敵する」とその武勇を高く評価されている。ただ、部下に優しい一方で同格や目上の者に傲慢だった関羽は、孫権陣営に対して略奪行為をはたらいたことをきっかけに攻められて命を落とす。また、身分が高い者には敬意をはらうが、目下にはきびしい態度で接した張飛は部下に暗殺されている。

劉備から頼りにされた忠義の将

趙雲
(?～229年)

趙雲(字・子龍)は、冀州常山郡真定県(現在の河北省石家荘市)の生まれだ。張飛と同じように、「われこそは常山の趙子龍なり」と名乗る場面が「演義」に登場する。

冀州をめぐって袁紹と対立していた公孫瓚に仕え、そこで劉備と知り合う。身の丈8尺(約184cm)の堂々とした体格で、その武勇にほれ込んだ劉備に配下になるよう請われたが一度は断り、公孫瓚が袁紹に敗れて命を落とすと、劉備の陣営に加わった。

「演義」での趙雲の見せ場は数多く、劉備の妻子を救い出したエピソードがとくに有名だ(98ページ参照)。武勇にすぐれ、忠義に厚く、劉備の護衛として側に控え、劉備の寝所に入ることも許されていた。

蜀の建国後に関羽と張飛が相次いで死去すると、蜀の屋台骨を支える将軍となった。70歳目前まで戦場に立ち、関羽や張飛のように悲運の最期を遂げることなく、生涯をまっとうしたようだ。

基盤を築いたのちに加わった勇将

馬超
(176年〜222年)

劉備が「漢中王」を名乗った際、関羽、張飛、馬超、黄忠、趙雲の5人を蜀軍の中心となる「五虎大将」とした。この地位は「演義」にだけ登場する架空のものだ。

この五虎大将にも数えられる**馬超（字・孟起）**は、生まれこそ司隷の扶風郡茂陵県（現在の陝西省宝鶏市一帯）だが、涼州を地盤とする、軍閥の首領の1人であった馬騰の長子であり、成長するとその地盤を引き継いだ。父の馬騰は朝廷に仕え、馬超と曹操の仲は悪くなかった。ところが、やがて両者は反目するようになり、父をはじめ一族を殺害されたことで、曹操に対して兵を挙げる。一時は曹操を圧倒するほど苦しめるも、結局は敗れ、放浪の末に蜀の陣営に加わった。その後、活躍の場はないまま、まもなく病死している。

五虎大将の残る1人、**黄忠（字・漢升）**は荊州の南陽郡（現在の河南省南陽市）の生まれだ。荊州が曹操の支配下に置かれ、その南部の統治を任されていた人物に仕えていた。赤壁の戦いの翌209年、劉備軍が攻めてくると降伏し、以後は劉備に仕えた。「演義」ではその主君に疑いをかけられたことがきっかけで、劉備の配下となっている。

劉備に仕えた時点で武将としては高齢の身でありながら、魏の有力武将である夏侯淵を討ち取り、勝利に貢献したとして、上位の将軍職に任命され、この戦いの翌年に死去している。

劉備の死後に蜀の軍事面を支えた将

関羽と張飛が死去したあと、趙雲とともに蜀の軍事面を担ったのが、**魏延（字・文長）**だ。蜀軍に加わった経緯は不明だが、荊州の生まれであることから、黄忠と同時期に劉備に仕えたのだろう。数々の戦場で功績をあげたことで劉備の信頼を得て、北伐にあたっての重要な地である漢中（現在の陝西省漢中市一帯）の太守を任されている。劉備の死後は、諸葛亮が指揮する魏軍との戦いでも活躍している。

しかし、諸葛亮の死の直後、自分勝手な行動をとったとして謀反人とされ、最期は友軍に殺害されている。「演義」では諸葛亮から疎まれ続けた末、諸葛亮の死の直後にやはり友軍に殺害されている。

末期の蜀を支えたのが、**姜維（字・伯約）**だ。涼州の出身で魏の地方軍に属していたが、その才覚にほれ込んだ諸葛亮が味方に引き込み、北伐で功績をあげ、出世していく。諸葛亮の死後に国政を担った人物（58〜59ページ参照）が死去すると、姜維が軍事面を一手に引き受けた。「演義」では、諸葛亮のお眼鏡にかなった後継者とされ、知勇兼備の忠誠心の高い人物として過度に美化されているともいえる。

ところが、北伐に注力しすぎたために蜀の国力を低下させる。劉禅が魏軍に降伏すると姜維も降伏するが、隙をついて劉禅を帝位に再び就けようと動いたところを討たれ、命を落とした。

豆知識

「演義」での馬超は異民族の血を引いており、獅子をあしらった兜をかぶり、獣の顔をあしらった帯を締め、白銀の鎧に白の袍（上着の一種）をまとい、柄の長い槍をふるった。その華々しい姿から「錦馬超」とうたわれていた。

流浪の劉備を支えた劉備陣営の軍師・行政官

地盤を持たない劉備のもとで苦労を共にした古参の士、諸葛亮に才能を認められた士がいた。

荊州に腰をすえる前からつき従う家臣

張飛や関羽という一騎当千の強者を従えていた劉備だが、諸葛亮の登用後もすぐには本拠地が定まらず、放浪生活が続いた。文官が圧倒的に不足していたのもその要因だろう。

だが、そんな劉備にも文官がまったくいないわけではなかった。劉備と同郷の**簡雍（字・憲和）**は、黄巾の乱の際、劉備が義勇軍を結成したときからの仲間だ。相手の懐に飛び込むのがうまく、益州の攻略時には統治していた劉璋に降伏を勧める使者となり、気に入られたという。身なりに無頓着で、劉備の前でも足を投げ出し、諸葛亮の話も長いすに寝転がって聞いていたというが、反感を買うことはなかった。劉備にとって気を許せる存在だったのだろう。

次いで、初期の配下として名が残っているのが**孫乾（字・公祐）**だ。徐州を治めていた陶謙の死後、劉備が新たな徐州の主になったときに登用され、袁紹や劉表などと協力関係を結ぶ際には、その使者を務めている。

糜竺（字・子仲）は、劉備の正妻である糜夫人の兄にあたる。やはり陶謙の家臣だったが、劉備が徐州の主になると、その配下となる。劉備が徐州を失った際、糜竺は私財を投げ打つなどして一族総出で劉備一行を財政面で支えたうえ、劉備とともに放浪生活を送った。

荊州の滞在中に獲得した逸材

劉備の文官が充実するようになったのは、徐庶（字・元直）の存在が大きいといえる。徐庶はもともと剣術にはげんでいたが、学問に目覚めると学問が盛んだった荊州に移り住み、諸葛亮と共に学んだのちに劉備と知り合う。諸葛亮を劉備に推薦したのは徐庶だ。ただし、徐庶は曹操に母を捕らえられ、劉備の配下になることはなかった。

諸葛亮と並び称される「鳳雛」（鳳凰のひな）こと**龐統（字・士元）**は、もとは孫権陣営の周瑜の配下だったが、劉備が荊州の南部を獲得した際に劉備の配下に加わった。県令（県の長官）を任されたのち、孫権陣営の魯粛や自陣営の諸葛亮の勧めもあり、劉備直属の軍師となる。

折しも、益州を獲得するチャンスがめぐってくると、表向きは気乗りのしない劉備を説得し（以前から劉備は益州をねらっていた）、劉備に同行して益州の攻略に乗り出す。劉備軍は劉璋のいる成都（現在の四川省成都市）へ順調に進軍していたが、その途中の城攻めの際、龐統は流れ矢を受けて絶命した。

龐統
（179年〜214年）

龐統は「演義」でも同様の最期を迎えるが、それ以前、赤壁の戦いで曹操陣営に連環の計（くわしくは105〜106ページ参照）を仕掛けたのは、龐統ということになっている。

劉備の益州の統治に尽力した功臣

龐統の死後、**法正（字・孝直）**の道案内のもと益州の攻略は続けられた。法正はもとは劉璋の配下だったが重用されず、劉備に益州を奪うよううながした人物の１人だ。劉備軍が進軍を続け、成都に迫った際、法正の提案のもと劉璋に対して降伏をうながす書状を送り、結果、戦わずして成都は陥落した。その後、法正は蜀郡の太守に任じられている。

将軍職にも任じられており、とくに作戦の立案に秀(ひい)でていた。曹操陣営との定軍山(ていぐんざん)の戦い（現在の陝西省(せんせい)漢中(かんちゅう)市の近郊）で武将である夏侯淵(かこうえん)を討つことができたのも、法正の計略にもとづいてのことだ。この戦いの勝利によって、曹操の勢力圏を攻めるにあたって重要な拠点となる漢中（現在の陝西省漢中市）を手にした。

ただ、法正は執念深(しゅうねんぶか)く、うらみを抱いた者には報復するという一面があった。そんな法正と諸葛亮はソリが合わなかったが、たがいの実力は認めていて、公の場で争うことはなかったという。法正が病死したのち、夷陵(いりょう)の戦いが起こり、蜀(しょく)軍は呉軍に大敗した。敗戦を知った諸葛亮は、「法正が生きていたら、主上(しゅじょう)（主君である劉備に対する敬称）が戦争におもむかないよう説得してくれただろう」と嘆(なげ)いたという。

諸葛亮の死後の蜀を支えた重臣

蜀の建国後、まもなくして劉備が病死すると、帝位に就いた劉禅(りゅうぜん)は暗愚(あんぐ)であり、蜀の統治は諸葛亮の手にゆだねられた。その諸葛亮の補佐役となったのが、**蒋琬(しょうえん)（字・公琰(こうえん)）**、**費禕(ひい)（字・文偉(ぶんい)）**、**董允(とういん)（字・休昭(きゅうしょう)）**の３人だ。後世、諸葛亮を含めて「蜀の四相」と呼ばれる。

３人は「出師の表(すいしのひょう)」（99ページ参照）のなかで、蜀にとって必要不可欠な人材であるとされ、諸葛亮の死後、国の重責を担(にな)っていくことになる。なお「演義」では、病に倒れた諸葛亮が「自分の後任は蒋琬に、その次は費禕に」と伝え、その次は誰かを問われても答えなかったという場面が出てくる。

そして実際、諸葛亮が病没すると、蔣琬がその後を引き継ぎ、堅実に職務をこなした。その姿から、諸葛亮を失って動揺していた人々は安心したという。ところが、激務がたたり、持病が悪化して病死してしまう。

費禕
（？～253年）

費禕は卓越した事務処理能力の持ち主で、激務であるにもかかわらず、宴席（えんせき）や博打（ばくち）などにも興じる余裕があったという。武将の姜維（きょうい）が北伐（ほくばつ）に大軍勢が必要とうったえても、1万以上の兵を動かすことを許可しないなど、胆力（たんりょく）も備えていた。しかし、魏（ぎ）からの投降者に暗殺され、あえない最期を遂げてしまう。

続いて後を受けたのは董允だが、費禕を手本として職務を遂行しようとしてもうまくいかず、政務が滞（とどこお）ってしまう。このことから、いかに費禕がすぐれていたかがわかる。その一方、董允は清廉潔白（せいれんけっぱく）な人柄（ひとがら）で、劉禅の元お目付け役だったことから、その存命中は劉禅も政務をいっさい放棄するようなことはなかった。

董允の死去後、劉禅は宦官をはべらせて政治を省（かえり）みなくなり、軍事面を一手に担った姜維は北伐に力を注ぎ、蜀は衰退していった。四相の後継者がいなくなったことが、のちの蜀の滅亡につながったといえるだろう。

豆知識

益州の攻略の最中、龐統は「落鳳坡（らくほうは）」（鳳（おおとり）が落ちる土手）という地で命を落とすことになっている。これは「演義」での設定であり、もともとそのような地名ではなかったが、現在では落鳳坡という地名が存在し、龐統の墓が付近に立つ。

すぐれた外交感覚で、勢力を維持・拡大した孫権

父と兄を失った孫権は、兄の盟友や江東の士に助けられ、君主として成長し、一国の主となる。

父と兄を失って内政に専念

江東の弱小豪族であり、春秋時代の兵法家である孫武（通称は孫子）の末裔ともされる孫堅の子として、**孫権（字・仲謀）**は生まれた。7歳上には兄の孫策がいる。生まれた孫権を見た孫堅は「高貴な相（顔の見た目）だ。ただ者ではない」と喜んだという。張ったあごに大きな口、青く輝く瞳という異国風の顔立ちから、「演義」では「碧眼児」と表現されている。

県の役人だった孫堅は賊の討伐などで功績をあげて出世していき、黄巾の乱が起こると、その鎮圧を命じられた。その間、孫策と孫権は、江東の名家中の名家である周家の屋敷で世話になる。ここで、のちに孫権陣営の重鎮となる周瑜と知り合う。

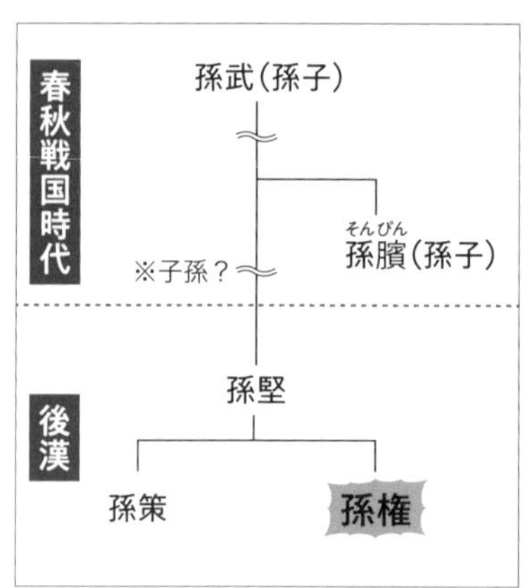

孫権を中心とした系図

9歳で父を失った孫権は、孫策とともに名門である袁術の支配下に入る。やがて成長した孫策は袁術から独立すると、父ゆずりの武勇で江東を勢力下に収めていく。その過程で周瑜が孫策のもとへ駆けつけている。

ところが、孫策は刺客におそわれ、

そのときの傷がもとで急死する。死に際して孫策は、「軍勢を率いて天下を奪い合う才能なら私が上だ。ただ、賢者を取り立て、有能な人材を用いて善政を敷き、領地を保つならお前のほうが上だ」と孫権に後事(こうじ)を託(たく)している。

19歳で兄の後を継いだ孫権はその言葉どおり、兄の遺臣をまとめあげ、江東の名士を味方に引き入れて地盤固めに専念した。

曹操の圧力に屈せずに一大勢力に成長

孫権が江東で地盤を固めるうち、北方では曹操(そうそう)が袁紹(えんしょう)を倒し、荊州(けい)を手に入れ、大軍を率いて南下する動きを見せる。孫権陣営は降伏か抗戦かで家臣団の意見が分かれたが、最終的に孫権は、曹操と敵対する道を選択する。なお、「演義」での孫権は、諸葛亮にたきつけられ、居並ぶ家臣団を前に机の端(はし)を剣で斬り落とし、「次に降伏を口にした者は、この机と同じ運命になると思え！」と言い放ち、抗戦の意を示している。

孫権は周瑜に全軍の３分の２となる２万を与えて本隊とし、自身は１万の兵を率いて別動隊を率いた。遠征で疲労し、疫病(えきびょう)が流行していた曹操軍を周瑜軍は攻撃し、打ち破る。

この赤壁(せきへき)の戦いののち、孫権は周瑜と合流して荊州の大部分を獲得し、そのうち荊州の南部４郡を劉備に貸し与えた（あくまで孫権陣営の言い分）。これは魯粛(ろしゅく)が唱えた「天下三分(さんぶん)の計」の方針にもとづいてのことだ（くわしくは104〜105ページ参照）。

劉備はその荊州の南部４郡を足掛かりに、益州(えき)の攻略に動き出す。だが、孫権陣営も益州をねらっており、孫権は劉備に共同戦線を持ちかけて断られると、単独での攻略に臨む。しかし、その途上で周瑜が病死したため、孫権は親劉備派の魯粛を周瑜の後任とし、益州の攻略をあきらめた。

時には魏に従い、時には蜀と手を組む

赤壁での大敗ののちも、曹操は南方の攻略をあきらめなかった。212年には、赤壁の戦いを上回る大兵力を動員し、攻め込んでくる(濡須口の戦い)。このとき劉備陣営は益州を攻略中で援軍を出せず、孫権は7万の軍をみずから率い、曹操軍を迎え撃った。

その後の曹操軍とのたび重なる戦いで疲弊した孫権は、217年に曹操と講和する。同年に親劉備派だった魯粛は死去しており、孫権と劉備の間では荊州をめぐって対立の火種がくすぶっていた。

年	できごと
182	徐州下邳郡下邳県(現在の江蘇省徐州市)に生まれる
200	兄の死去にともない孫家の長となる
208	赤壁の戦いに勝利する
217	漢(実質的には曹操)に臣従する
221	呉王に封じられる
229	帝位に就く
252	71歳で没する

孫権の略歴

曹操の誘いにのった孫権は、魯粛の後任である呂蒙に兵を与え、劉備の支配下にあった荊州の南部の4郡を攻めさせた。呂蒙は策略を用いて守備していた関羽を捕らえると処刑する。そのため、劉備陣営との協力関係の決裂は決定的となった。

献帝から帝位をゆずられた曹丕は220年に皇帝となり魏を建国すると、その**支配下にあった孫権は呉王(呉の国の王)に封じられる。だが、孫権は独立勢力であるという姿勢をくずさなかった。**

王となった孫権だがそう喜んではいられなかった。蜀を建国した劉備が、大軍勢で

攻め寄せてきたからだ。孫権はこの夷陵の戦いにおいて、名門の出とはいえ若手の陸遜を抜擢する。この陸遜の策略がはまり呉軍は蜀軍に大勝した。

ところが、その隙をついて魏軍が南下してくる。何とか撃退したものの、魏との国力差を考えると自勢力だけでは魏に対抗できないため、孫権は蜀との関係修復を模索する。それは蜀側も同じで、孫権をうらむ劉備が死去していたこともあり、両国は再び協力関係を結んだ。

後継者問題で混乱を招く

孫権は229年に帝位に就き、呉がここに建国された。こうして、中国に３人の皇帝、三つの国家が並び立つこととなる。なお、呉という国家が中国史上にいくつか存在するため、孫権が建国した呉は「孫呉」とも呼ばれる。

しかし、241年に皇太子が死去したことをきっかけに後継者問題が起こり、孫権はこの問題を決着させるのに10年の時を要することになる（くわしくは91ページ参照）。その間に、孫権に謀反を疑われた陸遜は怒りのあまりに憤死している。陸遜の死を招き、家臣団を混乱させたことで孫権の名声は大きく低下してしまった。機を見て、的確に物事を判断してきた孫権だったが、後継者問題への対応は遅きに失したといえよう。

孫権は孫にあたる幼い孫亮が帝位に就くことを心配しつつ、陸遜を死なせたことを後悔しながら、71年の生涯を閉じた。

豆知識

「演義」では赤壁の戦いの直前、諸葛亮が船と藁人形を用いて曹操軍から10万本の矢を調達した「草船借箭」というエピソードが有名だ。じつは、赤壁の戦いより数年後、孫権の船に大量の矢が刺さったという実話がもとになっている。

若き君主を盛り立てた孫権陣営の武将たち

父や兄の代から仕える、さまざまな出自の武将が、孫権のもとで一致団結し、その勢力の拡大に活躍する。

老いてなお盛んな老将たち

孫権の父である孫堅には、旗揚げ時からつき従っていた武将がいた。**祖茂（字・大栄）**、**程普（字・徳謀）**、**韓当（字・義公）**、**黄蓋（字・公覆）**の４人だ。このうち祖茂は、敵対していた董卓の軍に孫堅が追われたとき、孫堅の頭巾をかぶって囮となり、自身の命に代えて孫堅を危機から逃れさせた。残る３人は、孫権の兄の孫策、そして孫権に仕えて軍を率いている。

最年長の程普は軍の重鎮であり、尊敬の念を込めて「程公」と呼ばれていた。若手だった周瑜とは折り合いが悪かったが、その人柄と能力の高さを認めると潔く謝罪し、周瑜が負傷すると代わって軍の指揮をとっている。韓当はもともと下働きの身だったが、弓術と馬術に巧みで孫堅に将として見出された。寡黙な性格だが、戦いでは先陣を切って敵に突撃する猛将だった。

黄蓋
（？～215 年）

曹操が南征するにあたって、孫権に対して降伏勧告してきた際、老将と呼べる年齢になっていた３人は断固反対の声を上げている。そうして起こった赤壁の戦いにおいて、最も重要な働きをしたのが黄蓋だ。偽り（いつわ）の投降により油断した曹操軍に接近して火攻めを決行し、勝利をもたらした（くわしくは110ページ参照）。

賊の身から登用されて活躍した将

甘寧
（?～?）

孫権陣営には生粋（きっすい）の軍人ばかりでなく、あまり素性のよくない者もいた。その代表が**甘寧（かんねい）（字・興覇（こうは））**だろう。もとは長江一帯を荒らしまわった水賊（すいぞく）の首領で、義侠心（ぎきょうしん）に厚い荒（あら）くれ者だった。派手な出（い）で立（た）ちをして帯に鈴をつけていたことから「鈴の鳴るところに甘寧あり」とおそれられたという。改心して水賊から足を洗って荊州（けい）を治める劉表（りゅうひょう）に仕えるも、そりが合わずに脱走し、一時は孫堅軍とも敵対した。やがて、孫権の重臣である周瑜や呂蒙（りょもう）の推薦により、孫権に仕えることになる。

公称10万の曹操軍が攻めてきたときには、精兵100人余りで曹操軍に奇襲をかけて大混乱に陥れ、その出鼻をくじいている。孫権は「曹操には張遼（ちょうりょう）がいるが、私には甘寧がいる」と、その武勇をたたえた。

周泰（しゅうたい）（字・幼平（ようへい））も水賊から孫策の配下になった人物だ。孫権に気に入られてその護衛を務め、身を挺（てい）して孫権の危機を救ったことが何度もある。

将軍となって最前線で戦うようになっても、水賊出身ということで古参の将軍たちからは見下されていた。そこで孫権は宴会を開くと、諸将の前で周泰に服を脱がせ、全身に刻まれた傷あとを指さしながら、自身（孫権）を守るために受けた傷の由来を涙ながらに語った。以後、諸将は周泰の指揮下に入ることに納得したという。

劉備から荊州を奪還した2将

呂蒙
(178年～219年)

曹操に対抗すべく、孫権は劉備と手を組んでいたが、荊州の地をめぐって両者は対立し、孫権は荊州の攻略を決断する。その任に就いたのが、**呂蒙**(字・子明)と**陸遜**(字・伯言)だ。

呂蒙は若くして孫策に仕えた人物で、武勇一辺倒で読み書きもできなかった。しかし、孫権に諭されて学問に打ち込み、周瑜の後任だった魯粛も舌を巻くほどの知識を身につけ、魯粛の死後はその後任となる(くわしくは110ページ参照)。

荊州の攻略を任された呂蒙はまず、荊州を守備していた関羽にへりくだり、さらに病気と偽ってその職を陸遜と交代した。陸遜は江東の名門の陸家の出で、すぐれた智謀の持ち主だったが、当時は若く無名だった。まんまと油断した関羽は警戒を解き、攻め寄せてきた曹操軍との戦いに注力した。そうして手薄になった関羽の居城を呂蒙軍は急襲し、荊州を奪還すると、行き場をなくした関羽を捕らえて処刑した。

なお、この直後に呂蒙は病死しているが、「演義」では関羽の亡霊にとりつかれて発狂すると孫権をののしり、全身の毛穴から血を流して死んだことになっている。人気の高い関羽を討ち取った張本人ということで、壮絶な死に様にされたのだろう。

関羽を失った劉備は激怒し、総力をあげて呉へ侵攻する。しかも戦いが始まる直前、張飛は自身の部下に殺害された。この夷陵の戦いで陸遜が総司令官となるが、無名ゆえに古参の将は命令に従わなかった。それにもかかわらず、陸遜の命令のもと、蜀軍を領内の奥深くに誘い込み、補給線が伸びきったところで孫権陣営は反撃を仕掛け、大勝利を収める。

劉備は敗戦の痛手から病となり、死去した。結果的に、呂蒙と陸遜は関羽、張飛、劉備という蜀の三本柱を死に追いやったことになる。

勝利の立役者である陸遜は、**のちに呉の丞相（皇帝のもとで国政を司る最高位の官吏）となる。**晩年は、後継者問題で孫権に意見したことで謀反を疑われて憤死する。「演義」では夷陵の戦い以後はほとんど表舞台に登場せず、病死したことにされ、不遇の死を迎えたことはカットされている。

陸遜
（183年～245年）

呉の行く末を最期まで案じた名将

陸遜の二男である**陸抗（字・幼節）**は、衰退する呉の末期を支えた数少ない武将の1人だ。母は孫策の娘であり、孫策の外孫にもあたる。20歳のときに父の陸遜が憤死すると、その疑いを晴らし、孫権からわびられている。

陸抗は父と同様にすぐれた将であり、魏（のちに晋）との最前線を任される。晋の名将と名高い羊祜が率いる大軍をしのぐなど、その功績から総司令官に任命された。ただ、陸抗が軍制改革を提案するも、主君である孫皓（「演義」では孫晧）に受け入れられることはなかった。

その陸抗が病死してから6年後の280年、晋軍が大軍で攻めてくると呉軍はなす術なく、孫皓は降伏し、呉は滅亡した。

豆知識

陸抗と羊祜は敵対する立場にありがながら酒や薬を贈り合った。このエピソードをもとに「羊陸の交わり」という言葉が生まれた。ただし、美談というわけではなく、表面上は仲良くしても戦う敵同士としての駆け引きはあったという。

若き君主を補佐した 孫権陣営の軍師・行政官

年若い孫権に誤りがあれば時に叱咤し、迷いがあれば道を示すなど、孫権の勢力拡大に貢献した。

全幅の信頼を置かれた孫兄弟の右腕

孫一族の支配地となる呉は、江南（長江の中下流域。長江より南）という地域だ。三国時代の行政区分でいえば、都の建業（現在の江蘇省南京市）が位置した丹陽郡や呉郡を含む揚州と、交州である。

その呉郡には、陸氏、朱氏、顧氏、張氏という有力な豪族がおり、「呉の四姓」と呼ばれていた。たとえば陸遜は、四姓の筆頭の陸氏の出身だ。対して孫氏は、弱小の豪族に過ぎなかった。

孫策が袁術から独立して江東で勢力を築こうとすると、呉の四姓は孫策と対立した。それでも孫策が江東を平定し、勢力基盤を築けたのは**周瑜（字・公瑾）**の影響力によるところが大きい。周氏は中央政府の高級官職である九卿のほか、刺史、太守を出しており、四姓をしのぐ名家だった。その跡取りだった周瑜は、「美周郎」（美しい周家の若様）と呼ばれるほどのイケメンで、教養があり、とくに音楽の造詣が深い人物だった。

周瑜
（175年～210年）

若くして出会った孫策と周瑜は意気投合し、のちに橋氏の姉妹のうち、孫策は姉の大橋を、周瑜は妹の小橋をめとっている（78～79ページ参照)。そして孫策が一勢力として独立した際、周瑜はいち早く駆けつけている。

孫策が26歳の若さで死去すると、周瑜はその弟である孫権に真っ先に忠誠を誓って家臣団の動揺を収めている。孫権から兄のようにあつかわれるなど周瑜は厚く信頼されており、孫権陣営の総司令官に任命されている。

孫権が地盤を固めるなか、曹操が荊州を手に入れ、孫権に対して降伏を勧告してきたときは、降伏を支持する家臣が多数を占めた。そのなかで周瑜は抗戦を主張し、戦いになった場合での曹操軍の弱点を列挙し、孫権に降伏勧告の破棄を決断させている。

そうして起こった赤壁の戦いにおいて、曹操軍の状況は周瑜の見立てどおりであり、孫権軍は勝利を収めた（くわしくは101〜102ページ参照）。

この戦いののち、今後も曹操陣営に対抗するには益州を獲得する必要があるとして、侵攻の準備している最中に周瑜は病死する。36歳での早すぎる死は孫権を大いに嘆かせた。

口うるさくても尊敬を集めたご意見番

孫策は死の直前、「内（内政）のことは張昭に、外（外交・軍事）のことは周瑜に聞け」と遺言した。このとき、兄である孫策が死去して嘆き悲しんでいる孫権を、**張昭（字・子布）**は叱咤して立ち直らせている。

ここで名が出てきた張昭は、「演義」においては**張紘（字・子綱）**とセットで「江南の二張」と呼ばれる人物の１人だ。両者とも孫権より30歳ほど年上だった。「正史」によれば、孫策が出征する際はどちらかが参謀としてつき従い、もう１人が留守を任されたとあり、孫策から厚く信頼されていたことがうかがえる。ちなみに、呉の四姓の張氏と

張昭
（156年〜236年）

は血縁関係にない。

張紘は若き孫権にすぐれた人材を推薦したほか、本拠地をそれまでの呉郡呉県から、同じ揚州に位置する丹陽郡秣陵県（のちに都である建業が置かれる）に移すよう進言している。

曹操が孫権に降伏勧告を突きつけてきた際、張昭は曹操陣営と自勢力をくらべたうえ、降伏を支持するなど降伏派の中心人物だった。

日ごろから張昭は孫権に諫言（過失を指摘したり忠告したりすること）するという立場にあった。それを孫権はわずらわしいと感じており、しばしば両者の間でいさかいが起こっている。しかし、それでも張昭は、孫権に重用され続けた。地元の名士の尊敬を集め、正論を述べる張昭は陣営にとってかけがえないの存在だったからだ。

劉備陣営との橋渡し役としても活躍

孫権と劉備の協力関係は三国が並び立つきっかけとなった。これを発案したのが**魯粛（字・子敬）**だ。富裕の豪族の家系に生まれたが家業を継がずに名士と交わり、地元ではうつけ者呼ばわりされていた。

あるとき、周瑜から援助を求められて所有する蔵を一つ、そっくり提供したことが縁で、親交を結ぶ。孫権に仕官するよう勧められるも「主君は自分で選ぶ」といってしぶったが、いざ孫権と会うと意気投合し、孫権に仕えることになる。

曹操からの降伏勧告に対し、孫権がどう判断するか思案していると、「われわれは降伏しても取りたててもらえるが、主上（主君である孫権に対する敬称）は身の置き場がなくなる」といって、孫権に曹操と戦う意思を固めさせている。さらには、劉備陣営との協力関係を築いたのも魯粛の提案によるものだ。ただし、「演義」における魯粛のあつかいは、諸葛亮の引き立て役に終始している。

魯粛
(172年～217年)

魯粛は赤壁の戦いでは周瑜の参謀を務め、周瑜が病死すると、その後任となる。曹操陣営に対抗するには、劉備陣営との協力が不可欠と魯粛は考え、劉備の勢力拡大をさまたげるようなことはしなかった。おかげで劉備は益州を獲得できたといってよいだろう。そのため魯粛が急死すると、両陣営の関係は悪化し、ついには夷陵の戦いが起こることになる。

魯粛とともに孫権と劉備の協力関係に欠かせなかったのが、**諸葛瑾(字・子瑜)** だ。諸葛亮の兄であり、魯粛と同時期に孫権に仕えた。劉備陣営に使者としておもむくことが多かったが、公私をわきまえて、諸葛亮と私的な会話はしなかったという。外交が不首尾に終わり、劉備陣営との内通を疑う声があがった際には、孫権が「子瑜が私を裏切らないのは、私が子瑜を裏切らないのと同じだ」と述べており、いかに孫権に信頼されていたかわかる。

外交官としての印象が強い諸葛瑾だが、孫権が皇帝に即位したときは大将軍に任じられ、曹操との戦いでは堅実に軍を指揮し、被害を最小に抑えながら勝利をあげている。

豆知識

「演義」においては劉備、関羽、張飛の３人だけでなく、孫策と周瑜も義兄弟という設定になっている。２人の友情からは、金属をも断ち切ってしまうほど固いという意味の「断金の交わり」という言葉も生まれた。

乱世を招いた悪人や好敵手、敗れてなお歴史に名を残す群雄

主役である劉備や曹操をおびやかした、個性豊かな群雄たちの存在は物語には欠かせない。

乱世を招いた稀代の大悪人

三国志には、魏（ぎ）、蜀（しょく）、呉（ご）に関係する以外にもさまざまなタイプの群雄が登場する。なかでも、**董卓（とうたく）（字（あざな）・仲穎（ちゅうえい））**は「正史」でも「演義」でも悪逆非道の独裁者としてえがかれ、**中国史上でも屈指の悪人とされる。**

董卓は涼州（りょう）の生まれで、その武勇をもって地方の治安を維持する将軍に任じられる。ただし、政治はからきしだめだったこともあり、実権を握っても（くわしくは22～23ページ参照）、まともに政治を行わなかった。それどころか、都である洛陽（らくよう）（現在の河南（かなん）省洛陽市）の富豪の財産を奪い、祭りに興じる村人をみな殺しにしている。董卓の配下も女官をはずかしめるなど横暴の限りを尽くした。

董卓
（139年?～192年）

この状況を憂（うれ）えた群雄が反董卓連合軍を結成すると、董卓はこれを迎え撃ち、戦況が不利になると洛陽を焼き払い、長安（ちょうあん）（現在の陝西（せんせい）省西安（せいあん）市）に遷都した。その後もみずからの行いを見直すことはなく、呂布の手にかかって命を落とした。

二度も義父を殺害した最強の武将

中国史上で最強の武将を決めようというとき、必ずといっていいほど、**呂布（字・奉先）**の名前があがる。弁州の五原郡（現在の内モンゴル自治区）の生まれで、**武芸全般にすぐれ、なかでも弓を最も得意としていた。**

最初は執金吾という高位の官職にあった丁原に仕え、その養子となったが、董卓にそそのかされて丁原を殺害した。「演義」によれば、董卓から名馬の赤兎馬をゆずられたことで丁原を殺害し、董卓の養子となっている。その董卓をも呂布は殺害した（くわしくは22〜23ページ参照）。

呂布
（?〜198年）

董卓を殺害してまもなく、董卓軍の配下に呂布は都を追われ、逃亡する。袁術や袁紹を頼ったが、悪名高い呂布は受け入れられなかった。行き場のない呂布を劉備は受け入れたが、その劉備さえ呂布は裏切る。

のちの曹操との戦いに敗れて捕らえられた際、呂布は「(曹操が）歩兵を率い、私が騎兵を率いれば天下がとれる」と命乞いをする。曹操はその気になったが、**2人の義父を殺害した**ことを劉備が示唆すると、曹操は処刑を決行し、呂布は命を落とした。

生まれを活かしきれなかった名門出身者

「正史」「演義」ともに、曹操の覇業の“かませ犬”のような役として**袁紹（字・本初）**と**袁術（字・公路）**は登場する。袁家は4代にわたって官職の最高位である三公を輩出した名門中の名門で、2人は異母兄弟とも、従兄弟という関係だったともいわれる。袁紹のほうが袁術より年上だったが、正妻の子である袁術は袁紹を見下し、自身より声望の高い袁紹をねたんでいたため、両者の仲は悪かった。

反董卓連合軍の結成時こそ手を取り合ったが、しばらくして2人は主導権争いをはじめ、董卓が死去したのちに決別する。

袁紹
(?～202年)

袁術は孫堅・孫策の親子を支配下に置き、勢力を拡大していくも、**天子（皇帝のこと）を自称して贅沢におぼれ、領民を苦しめたことで人望を失う。**やがて、呂布や曹操に敗れ、袁紹を頼るべく移動する途中で病死した。

一方の袁紹は、のちにライバルとなる曹操と若いころは机を並べて学び、花嫁泥棒をともに行う間柄だった。名門の出であるがゆえ、黄巾の乱の際には将軍に任じられ、反董卓連合軍では盟主に選ばれている。独自の軍を有し、多くの有能な名士を抱えていた。だが、官渡の戦い（100～101ページ参照）で曹操軍に敗れた翌々年、失意のうちに袁紹は病死する。圧倒的な戦力差がありながら敗れたのは、**袁紹が優柔不断で、有能な名士を使いこなせなかった**ことにある。そんな袁紹も自領では善政を敷いており、死去した際には領民が嘆き悲しんだという。

官渡の戦いで敗れてなお、袁家の勢力は曹操を上回っていたが、袁紹の3人の子は争い、そこを曹操にねらわれ、袁家は滅んだ。

劉備の勢力拡大の土台となった遠戚

官渡の戦いの際、劉備は袁紹軍に属していた。戦後は荊州を治める**劉表（字・景升）**のもとに身を寄せる。素性が不確かな劉備と違って、劉表は正真正銘の皇族に連なる人物だ。

劉表は学問を振興したことから、荊州には有能な人材が集まり、「荊州学」という実践的な学問が成立していた。この荊州学を身につけたのが、諸葛亮（しょかつりょう）や龐統（ほうとう）、徐庶（じょしょ）といった人物だ。

ただ、劉表自身はそれらの人材を活用して積極的に勢力を拡大するようなことはせず、**招き入れた劉備を曹操の領地と接する前線に配置して牽制（けんせい）するだけにとどめている。**

袁家の滅亡後、曹操が荊州へ進出しようとしたところ、病に倒れ、死去した。劉表は死の間際、劉備に荊州の統治をゆだねようとするも劉備は断っている。劉表の二男が後継者となったが、戦わず曹操に降伏したことで、荊州は曹操の支配地に組み込まれる。このことをきっかけに起こるのが、赤壁（せきへき）の戦いである（くわしくは101～102ページ参照）。

戦いののちの混乱に乗じて、**劉備は荊州の南部の４郡を手に入れる。**

さらなる勢力拡大を目論む劉備は、やはり皇族に連なる**劉璋（りゅうしょう）（字・季玉（きぎょく））**が治める益州（えき）に目をつける。

劉璋は父親から地盤を引き継ぐと、群雄同士の争いから距離を置き、半ば独立した勢力を保っていた。そのため、危機意識にうとく、政治をおろそかにする。そんな劉璋に一部の家臣は不安を抱き、**劉備を新たな君主に迎えようと画策し、劉備はこの計画にのる。**

結局、計画は露見して劉備と敵対すると、場数を踏んできた劉備軍にかなわず、「これ以上、民を苦しめたくない」として劉璋は降伏した。こののち、劉備の配下を経て、孫権の配下となった際に病死している。

豆知識

董卓は「演義」ではひげ面の肥満体でえがかれることが多いが、「正史」によるとたいへんな力持ちであり、馬に乗りながら左右の両方から弓を射ることできたという。部隊の指揮にもすぐれ、とくに異民族を相手に数々の戦功をあげている。

主要人物の側にいた物語を彩る女性たち

「正史」では男性の影に隠れがちな女性も、「演義」では物語のキーパーソンとしても活躍する。

養父のために身を捧げた美女

春秋戦国時代の西施、前漢時代の王昭君、唐の時代の楊貴妃、そして後漢時代の**貂蝉**を中国では「中国四大美女」と位置づけている。このうち３人は実在したとされるが、貂蝉だけは「演義」に登場する架空の人物だ。

董卓の暴政にたまりかねた司徒（最高位である三公の一つ）の王允が連環の計を用い、呂布が董卓を殺害するよう仕向ける（くわしくは105～106ページ参照）。この計略の要が貂蝉だった。

董卓の殺害に女性が関係していることは「正史」からわかる。呂布は以前から董卓に叱責されることがあり、董卓の侍女と密通していることが発覚するのをおそれていた。そのことを王允にたきつけられた呂布は、董卓の殺害におよんだという。

貂蝉

この侍女が貂蝉のモデルとなるのだが、「演義」の成立前までは悪女であったり、烈女であったりとキャラクター性が定まらなかった。関羽を誘惑して斬られるという講談まで存在していたが、「演義」でイメージが定着した。

30歳年上の劉備に嫁いだ孫権の妹

古くから中国では、身分の高い男性が正妻のほかにも妻（側室）を持つのが当たり前だった。流浪の身だった劉備にも、麋夫人（「演義」では糜夫人）という正妻のほかに、甘夫人という妻がいた。麋夫人が正妻となる前に別の正妻がいたようだが、名前は伝わっていない。

麋夫人は曹操軍に追われていた際、けがをしたため足手まといにならないよう井戸に身を投げて命を落とす。甘夫人は劉備との間の子（のちの劉禅）とともに趙雲に助け出されている。劉備が皇帝になる前に甘夫人は死去していたが、皇帝となった劉禅は、母を父である劉備の皇后としている。

２人の夫人を亡くしたのち、劉備は新たな妻を迎える。それが、政略結婚によって30歳も年上の劉備に嫁ぐことになった孫権の妹の**孫夫人**だ。「正史」によれば、孫夫人は気が強く、傲慢な性格だったこともあり、夫婦仲は悪かったという。そのうち、孫夫人は里帰りし、劉備のもとには二度ともどらなかった。

一方、「演義」での孫夫人は孫仁という名で、武芸を身につけていた。劉備との夫婦仲はよかったが、孫権によって無理やり帰国させられ、２人は離縁している。

孫夫人
（？～？）

十数人の妻がいた曹操の３人の正妻

「英雄色を好む」という言葉にたがわず、曹操には歴代の正妻も含めて十数人もの妻（側室）やめかけがおり、その間に生まれた子どもは（名前が判明している人物だけで）30人を超える。

曹操にまつわる女性関係（女癖の悪さ）は、「演義」において強調されている。こんなエピソードがある。味方に引き入れた張繡という武将の叔父に未亡人がおり、曹操がその女性に手を出したことで怒った張繡が曹操を急襲し、危うく命を落としかけたというものだ。「正史」でも張繡に攻められたという記述は見られるが、原因は女性絡みではない。

曹操の最初の正妻である**劉夫人**（出自は不明）は３人の子を残し、早くに死去している。２番目の正妻である**丁夫人**との間には子がなく、劉夫人との間に生まれた曹操の長男を丁夫人は可愛がった。だが、戦火に巻き込まれ、その長男が命を落とすと夫婦の仲は冷え、曹操と離縁した。

離縁した丁夫人に代わって正妻となったのが、もとは歌妓（宴で歌を披露する芸妓）の**卞夫人**だ。曹操の後継者である曹丕や、曹植らの母となる人物だが、自身の子ども以外の面倒もよく見たという。曹丕が皇帝となると、皇太后（皇帝の母親にあたる称号）に立てられた。

「正史」とあつかいがまるでちがう「二喬」

孫権陣営として登場する女性といえば、大橋と小橋だろう。ただ、「正史」と「演義」で２人の描写は大きく異なる。

まず「正史」だが、２人は江南の城を攻略した孫策と周瑜の捕虜となり、大橋は孫策のめかけに、小橋は周瑜の妻とされた。数カ月後、孫策は刺客によって命を落とし、大橋は未亡人となる。以後、２人に関する記述はない。

「演義」で２人は大喬、小喬という名に改変され、その美しさから

「江東の二喬」と称され、孫策と周瑜がそれぞれを妻としている。さらに「正史」と違って、２人の出番はここで終わりではない。いまだ曹操との戦いを決断できずにいると見た諸葛亮は、孫権陣営と協力関係を結ぶための布石として、周瑜の自宅を訪れる。そして、曹操が２人（大喬と小喬）をねらっていると周瑜に吹き込み、これに怒った周瑜が曹操と戦う決断をした（孫権に曹操との抗戦をうながす）というエピソードになっている。

夫とともに馬超軍と戦った烈女

当時の女性の立場は弱く、歴史書に名が残る女性は少ない。そのようななか、「正史」は、戦闘に参加したという１人の女性について言及している。曹操の配下の趙昂の妻である**王異**だ。

あるとき、趙昂が守る城に、曹操と対立していた猛将の馬超が攻め込んでくる。すると王異は武装したうえ、自身の装飾品を趙昂の部下に分け与えて軍の士気を高めて防衛戦に加わった。

その後、食糧が尽きかけたため、馬超側と和議を結ぶも、その際に息子が人質に取られてしまう。この隙に趙昂は反撃の態勢を整え、王異に息子のことを相談したところ、息子の命より忠義を優先するよう王異は語ったという。結果、馬超軍の包囲を打ち破ったが、人質だった息子は殺害された。以後も夫の戦いに王異は何度も参加したという。

ドラマチックなエピソードだが、非情すぎるためか、本筋と関係ないからか、「演義」に王異は登場しない。

豆知識

近年、ゲームをはじめさまざまな媒体で孫夫人のキャラクター化が進み、孫尚香という名前で広く知られるようになっている。これは、中国の伝統歌劇の一種である京劇における孫夫人につけられた名がもとになっている。

仙人から占い師、神医まで異能の力を発揮する名脇役

術によって三国志の主役級の人物さえ手玉にとる、不思議な力を持った異能の士が物語をかき乱す。

孫策を死に追いやった道士

小説である「演義」には話を盛り上げるため、人智を超えた能力者も登場し、異彩を放っている。「正史」には方術の士がまとめられた列伝（各個人を中心とした記述）が存在し、同じく異能者について記述されている。その代表的な人物が仙人の**于吉**である。仙人とは、神仙の術（神通力）を習得した者のことだ。

孫策が、刺客におそわれて療養をしている最中に宴会を開く。そこに于吉が現れると、宴会に参加していた者のほとんどが拝礼する。江東の人々が于吉を敬っていたからだ。すると、自分以上に于吉を敬う参加者の態度に怒った孫策は、于吉を人々を惑わすとして捕らえ、殺害してしまう。

于吉

ところがその後、孫策は殺害したはずの于吉の姿を見るようになり、しだいに精神を病んでいくと、激怒した際に傷口が裂けて、絶命してしまう。

なお、「正史」における孫策の死は、刺客におそわれた傷がもとであり、そもそも于吉という人物は登場しない。

曹操を翻弄して去っていった方士

中国において神通力を習得するために修行している者を方士といい、なかには幻術や妖術などを使って人々を惑わしたとされている。不老不死の術を心得ているともいわれ、秦（紀元前221年～紀元前206年まで中国を支配した国家）の始皇帝をはじめ、歴代の為政者のなかには、方士を側に置く者もいた。

そんな方士の１人である**左慈**は、『三国志』と同じ正史（12ページを参照）の一つに数えられる『後漢書』にもその名が記されていることから、術が使えたどうかは別として、そういった人物が実在した可能性はある。

まずは「演義」の左慈の登場から紹介していく。あるとき、方術に興味を持った曹操が、左慈を食事に招く。その席で左慈はどんなに食べても飲んでも平気だった。そこで曹操は、左慈は牢屋に閉じ込めて拷問し、食事を抜いた。それでも左慈は生き生きとしていた。さらに左慈は牢屋を抜け出すと、曹操らの前でさまざまな幻術を披露したうえ、鳩に変身して消えてしまう。

曹操は左慈を追跡させ、何とか捕まえて首をはねさせたところ、首から青い煙が立ちのぼり、それが上空で鶴の背に乗った左慈へと姿を変え、飛び立っていった。その後、曹操は病に伏せるようになったという。

『後漢書』の左慈に関する記述も「演義」と細部こそ違うものの、曹操が左慈を捕まえられなかったという話の大筋は同じだ。それだけでなく、曹操の子である曹丕と曹植の著作にも左慈についての記述があることから、左慈は当時、名の知れた人物だったのだろう。

登場人物の死を次々に当てた占い師

管輅はすぐれた占い師だ。「演義」では、左慈によって体調をくずしていた曹操に対し、管輅が過度な心配は無用と説くと、曹操の体調は快復に向かっている。それ以外にも管輅は、曹操陣営の有力武将である夏侯淵の戦死と、曹丕による新たな国家（魏）の樹立を曹操に示唆している。孫権陣営の重要人物（魯粛）の死と、近い将来、劉備が侵攻してくることも言い当てている。

一方、「正史」における管輅は、犯罪が起こると犯人を言い当てたほか、箱の中身を当てさせるとほとんど正解したという。そして「47～48歳で死ぬ」と、みずから予言してそのとおりとなった。

また「演義」には、**李意**という300歳超えとされる予言者まで登場する。

劉備は夷陵の戦いの前、李意を招いてその吉凶を占わせた。李意は黙って武器や兵馬の絵を描いては破り捨て、最後に人の姿を描くと、地中に埋めて立ち去ってしまう。

劉備はその後、夷陵の戦いに敗れ、白帝城（現在の重慶市にかつて存在した城）で病に伏せた。劉備はこのとき、李意の占いの結果が、敗戦と自身の死を予言していたことを悟っている。

曹操の治療にあたった古代の名医

名医とされる**華佗**は、「演義」においては孫権陣営、劉備陣営、曹操陣営の主要人物と絡む、数少ない登場人物でもある。

刺客におそわれてケガをした孫権の兄の孫策を治療したうえで「興奮してはいけない」と忠告し、忠告を破った孫策は死去している。

劉備陣営では、右腕に毒矢を受けた関羽を治療している。骨を削って患部の毒を除くという大手術となったにもかかわらず、関羽は手術中に酒を飲みながら碁を打っていたという。華佗はそんな関羽の胆力におどろき、謝礼を受け取らず立ち去っている。

華佗
（?～208年?）

頭痛に悩んでいた曹操のもとに華佗は招かれている。そうして曹操を診察したところ、頭蓋骨を割って病根を取り除く必要があると診断をくだす。ただ、当時は外科的な治療はほとんど存在しなかったこともあり、曹操は殺害されるのではと疑心暗鬼になり、華佗を拷問にかけて処刑してしまった。

とはいえ、時間的にも距離的にも、華佗が各地の陣営を渡り歩くのは無理がある。「演義」での名医ぶりは、かなりの部分が創作されたものといえる。

ただ、曹操の専属医として頭痛の治療（鍼治療）にあたっていたことはどうやら事実のようだ。しかし、曹操の自身への評価が低いことに不満を持ち、妻が病気だと偽って故郷へもどってしまった。これを知った曹操に華佗は連れもどされ、拷問にかけられた末、命を落としたという。

曹操は頭痛に悩まされるたびに華佗を殺したことを後悔し、溺愛する息子の曹沖が13歳で病死したときには、「華佗がいれば」と嘆いたという。

豆知識

華佗は「麻沸散」、現代でいうところの麻酔薬を用い、外科手術を行ったとされている。結局、麻沸散をはじめとした華佗の医術は後世に伝わらなかったが、中国の人々の間で“神医”とたたえられ、「外科の祖」ともされている。

— 三国志のあらすじ④ —
三国の滅亡と新たな国家の台頭

魏は晋に取って代わられ、最後まで残った呉も滅び、三国のいずれも統一は果たせなかった。

司馬氏に握られた魏の実権

曹操が220年、劉備が223年に立て続けに死去したが、孫権は２人よりふた回りほど年が若いうえ長命だった。南方の異民族を支配下に収め、現在のベトナムや台湾にも進出している。また、魏に臣従し、遼東半島の一帯を実質的に支配していた公孫淵（29ページの図にある公孫康の子ども）に接近し、魏を南北から挟み撃ちにしようと画策している。しかし、この計画は失敗に終わった。

呉との交渉は魏に知られ、問いつめられた公孫淵は、237年に魏から独立を宣言して燕王を名乗る。燕とは、始皇帝による秦が中国を統一する前、春秋戦国時代に遼東半島を支配していた国名に由来する。

公孫淵のこの動きに対し、魏は司馬懿に討伐を命じる。魏の大軍を前に、孤立無援の公孫淵は敗れ、238年に殺害された。こうして遼東半島一帯の地も魏の支配下に組み込まれた。

司馬懿の戦果はこれだけでなく、何度も蜀軍と呉軍の侵攻を退けている。だが、数々の功績によって昇進していくことを快く思わない者もいた。239年に２代皇帝の曹叡が死去すると、養子の曹芳が３代皇帝となる。曹叡は死の間際、曹芳の後見人として、曹爽と司馬懿に後事を託した。

曹爽は曹一族の１人で、当初こそ年長の司馬懿を立てていたが、しだいに両者の間の溝(みぞ)は広がっていく。これに危機感を抱いた司馬懿は高齢による病気を理由に家に引きこもると、曹爽が油断する隙(すき)をうかがった。

249年、司馬懿はクーデターを起こし、曹爽と曹爽を支持する一派を朝廷から一掃(いっそう)する（高平陵(こうへいりょう)の変）。**以後、魏の実権は司馬一族が握ることになる。**しかし、司馬懿は旧主の曹操と同じく、帝位を奪うようなことはせず、２年後の251年に死去した。

魏の侵攻によって蜀が滅亡

呉の孫権は252年に死去する。その晩年は、後継者問題を引き起こし、臣下同士の分裂を招いていた。孫権の死後、その七男の孫亮(そんりょう)が２代皇帝となり、まだ幼少だったことから教育係に任じられた諸葛恪(しょかつかく)が大きな権力を握る。この諸葛恪は諸葛瑾(しょかつきん)の子である（くわしくは48ページ参照）。

諸葛恪は魏との戦いに功績をあげるなどして、はじめは支持されていた。だが、徐々に増長し、魏へ侵攻したが大敗して人望を失う。そこに孫一族である孫峻(そんしゅん)らがクーデターを起こし、諸葛恪は殺害された。

一方、諸葛亮(しょかつりょう)の亡きあとの蜀(しょく)では、諸葛亮の後任となった蔣琬(しょうえん)を中心に費禕(ひい)、董允(とういん)らが魏への侵攻を極力抑え、国

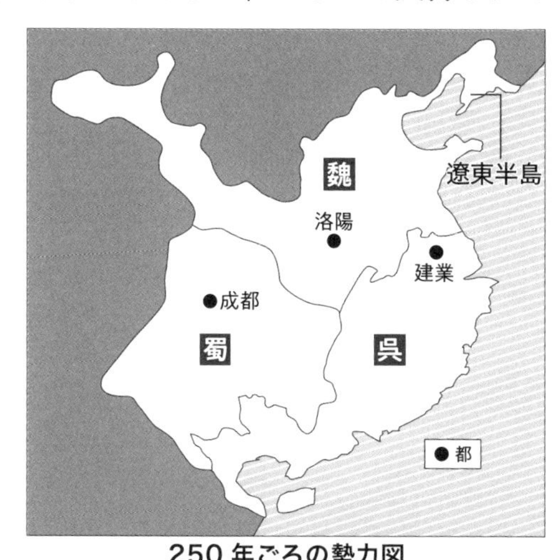

250年ごろの勢力図

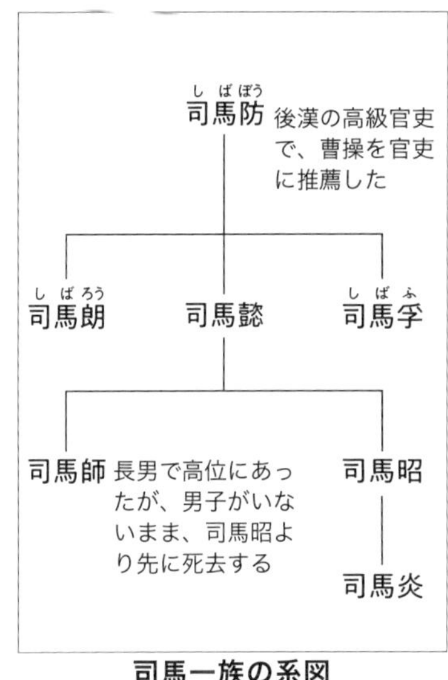

司馬一族の系図

力の回復に努めていた。ところが、費禕が死去し、姜維が軍事権を握ると北伐を強行するようになる

姜維の北伐は一時的に優勢になることもあったが、魏の反撃にあって敗れるなど、うまくいかなかった。たび重なる北伐の失敗によって蜀の国力は低下するも、これを立て直せるほど有能な人物はすでに蜀にはいなかった。さらに、蜀の皇帝である劉禅が、お気に入りの宦官の黄皓に好き勝手をさせたことで蜀の政治は混乱した。

この蜀の混乱ぶりに魏が目をつける。当時の魏では、司馬懿の子である司馬師と司馬昭の兄弟が実権を握っていた。260年には、司馬一族を排除すべく、4代皇帝の曹髦とその側近がクーデターを起こすが、司馬昭はこれを防ぐと、新たな皇帝を立てている。

司馬昭は入念な準備を進め、263年に鍾会や鄧艾といった将軍を率いて蜀に侵攻する。姜維は魏軍を迎え撃つべく鍾会軍と対峙するが、その間に、大きく迂回した鄧艾軍が蜀の都である成都（現在の四川省成都市）に迫った。魏軍の接近を知った劉禅は、前線でまだ姜維が戦っているにもかかわらず降伏し、**蜀は2代、42年で滅亡した。**

魏が滅亡して興った晋

蜀の滅亡後、鄧艾は成都の治安回復に努めるも、鍾会と対立したことにより捕らえられてしまう。その鍾会は姜維にそそのかされ、何と魏に対して反乱の兵を挙げるが、39ページですでに解説したとおり、失敗に終わっている。

蜀だけでなく、呉の討伐についても視野に入れていた司馬昭だったが、それが果たせぬまま265年に死去した。司馬昭の後継者となったのが、その長子である司馬炎（しばえん）だ。司馬炎は同年、5代皇帝の曹奐（そうかん）に帝位をゆずるよう迫る。曹奐にあらがう術（すべ）はなく、蜀の滅亡からわずか2年後、今度は**魏が5代、45年で滅亡した。こうして新たに建国されたのが晋（しん）（西晋（せいしん））である。**

残る呉では、孫峻ら一族が実権を握り、皇帝である孫亮（そんりょう）を廃位させて、その兄の孫休（そんきゅう）を皇帝とした。孫峻の死後、孫休は専横が著しい孫一族を258年に粛清（しゅくせい）している。264年に孫休は死去し、甥（おい）にあたる孫（そん）晧（こう）（「演義」では孫皓（そんこう））が4代皇帝となった。孫晧は暴政を敷いたため、国内は乱れていく（くわしくは91ページ参照）。

三国時代が終わり新たな時代へ

皇帝となり国内を安定させた司馬炎は、満を持して279年に呉への侵攻を開始する。国内政治が長く乱れていた呉に抵抗する力はなく、晋軍に攻め込まれると、呉の将兵は次々に降伏していった。そして翌280年、晋軍に都である建業（現在の江蘇（こうそ）省南京（ナンキン）市）を包囲されると、孫晧は降伏し、**呉は4代、51年で滅亡した。**

後漢を経て3カ国が分裂していた時代は晋によって終わりを迎え、歴史としての三国時代もここで終わったのである。

豆知識

呉の最後の皇帝である孫晧の後宮（こうきゅう）（皇帝の妻や子ども、めかけらが居住する空間）には、5000人もの女性がいたという。晋によって呉が滅亡すると、司馬炎がその女性らを受け入れたため、司馬炎の後宮は1万人にふくれたとされる。

国家の滅亡を招いた三国志の最後の皇帝たち

君主としての務めをおろそかにし、国を滅亡に導いた三国の皇帝を通して、その最後を見る。

傀儡の身だった漢の最後の皇帝

三国時代は、280年に晋（西晋）が呉を滅ぼして幕を閉じた。それでは各国家はどのように滅んでいったのか、後漢と三国の最後の皇帝を通して滅亡順にくわしく見ていこう。

後漢の最後（14代）の皇帝である献帝（姓名は劉協）は、181年に生まれた。幼少期から聡明だったという。董卓が殺害されたのち長安（現在の陝西省西安市）を離れ、旧都の洛陽（現在の河南省洛陽市）へともどる。日々の食べ物にも事欠く有様だったところを曹操に救い出されると、その勢力圏だった許（現在の河南省許昌市）に移され、196年からは許昌が新たな都となった。

曹操の保護下に入り、**献帝を取り巻く環境は改善し、朝廷としての機能も構築されたが、傀儡という立場に変化はなかった。**その状況に不満を持った献帝は、曹操を殺害しようと計画するも失敗に終わり、信頼する側近が排除される。この計画には劉備も加担していたという。

208年には最高官職である三公が廃止されたうえ、曹操が丞相（皇帝のもとで国政を司る最高位の官吏）の地位に就く。このことは曹操にすべての権力が集中することを意味した。213年には曹操の３人の娘を妻に迎え（うち１人は215年に皇后となる）、同年には曹操を本来は皇族に限られている「公」（魏公）に封じ、216年には「王」（魏王）に封じている。

220年に曹操が死去すると、その後継者である曹丕に圧力をかけられた献帝は帝位をゆずらざるを得なかった。曹操の死後、わずか9カ月後のことだった。帝位を退いた献帝こと劉協は列侯（山陽公）に封じられ、余生を過ごし、54歳まで生きた。

政治は人任せただった劉備の後継者

蜀の2代皇帝となった劉禅は、劉備の長男にあたる。劉備が諸葛亮を幕下に加えた207年に生まれた。劉備が死去すると、17歳で蜀（蜀漢）の皇帝となる。とはいえ、**積極的に政治には参加せず、もっぱら丞相だった諸葛亮にゆだねていた。**諸葛亮の死後もその姿勢は変えずに有能な家臣（くわしくは58〜59ページ参照）に政治を任せたことで、大過なく国家は運営された。

しかし、お目付役ともいえる董允が246年に死去すると、劉禅のお気に入りの宦官の黄皓が政治に口を出すようになる。それを止められる者はおらず、加えて、軍事を一手に担っていた姜維によって北伐が何度も行われたことで、蜀は疲弊していく。

諸葛亮の死後30年は持ちこたえた蜀も、263年に都である成都（現在の四川省成都市）に魏軍が迫ると、劉禅は戦わずして降伏し、蜀は滅亡した。その翌年、劉禅は魏の都である洛陽に移された。

「正史」によれば、劉禅ら蜀の関係者が宴席に招かれた際、蜀の音楽が演奏されると、蜀の旧臣は涙を流したが、劉禅は楽しんでいた。その様子を見た司馬懿の二男で、魏の相国（最高官職）だった司馬昭は、「こんな男が君主では諸葛亮が生きていても助けようがなかっただろう。ましてや姜維では」と嘆息したという。

その後の劉禅は列侯（安楽公）に封じられ、劉備の故郷である幽州に領地を与えられ、271年に没するまで何不自由のない生活を送った。

司馬一族に翻弄された曹操の子孫

魏の最後の皇帝となった曹奐は、魏の初代皇帝である曹丕の甥にあたり、曹操の孫にあたる。ただ、即位したときにはすでに、実権は司馬一族に握られていた。そうなった経緯は次のようなものだ。

曹丕の死後、その長男の曹叡が２代皇帝となり、十数年余り在位したのち、親族で養子だった曹芳が３代皇帝となる（曹叡の子はいずれも早世）。その在位中、曹一族の実力者だった曹爽は、強大な軍事権を有する司馬一族を警戒して排除しようと画策する。それを察知した司馬懿がクーデターを起こし、曹爽をはじめ曹一族の多くが一掃されてしまう。以後、**司馬一族の権力は曹一族を上回ることになった。**

クーデターから２年後の251年に司馬懿は没するが、後継者である司馬昭を筆頭として、司馬一族の権力が衰えることはなかった。曹芳のあと、14歳で皇帝に立てられた曹髦も、司馬一族を排除しようと決起したが失敗して殺害される。これを受け、**朝廷に曹一族に味方する勢力はほぼいなくなった。**

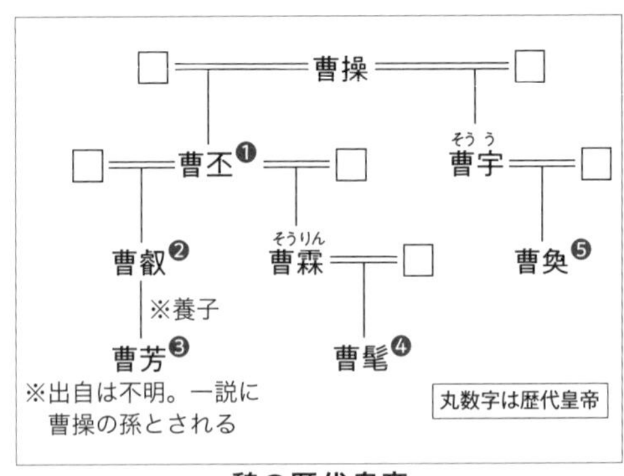

魏の歴代皇帝

こうして曹奐が260年に即位し、在位中の263年に魏は蜀を滅ぼすが、主導したのは司馬昭だった。その司馬昭が死去した265年、その後継者である司馬炎に迫られ、曹奐は帝位を退き、魏は滅亡した。曹奐は王とされ、生涯を終えている。

暴君と化して国を衰退させた孫権の孫

呉は三国で最後まで残ったが、孫権の晩年から衰退は始まっていた。孫権は長男が病死したのち、三男の孫和を後継者に定めていた。ところが四男の孫覇を溺愛したことから、それぞれを後継者に推す派閥が家臣団に生じ、政局は混乱した。結局、孫権は両成敗という形で混乱を収拾したが、このとき複数の有能な家臣も処分される（二宮の変）。

252年に孫権が死去すると、皇太子だった七男の孫亮が皇帝となった。しかし、朝廷を専横する同族の排除に失敗して廃位させられると、孫権の六男の孫休が皇帝に即位する。この孫休は徐々に政治への興味を失い、6年余りで死去した。次の皇帝に選ばれたのが、孫和の子である孫晧（「演義」では孫皓）だ。即位した当初は善政を敷いたが、やがて酒色におぼれ、**気に入らない家臣や宮女を殺害したほか、過酷な刑罰を用いるなどして、家臣や領民の支持を失う。**

呉の領民が圧政に苦しむなかの279年、晋（西晋）の皇帝である司馬炎が大軍を送り込んでくる。大軍を前に呉軍は次々と敗れ、脱走兵が続出した。翌年、晋軍が都である建業（現在の江蘇省南京市）に迫ると孫晧は全面降伏した。孫晧は列侯（帰命侯）に封じられ、42歳まで生きた。

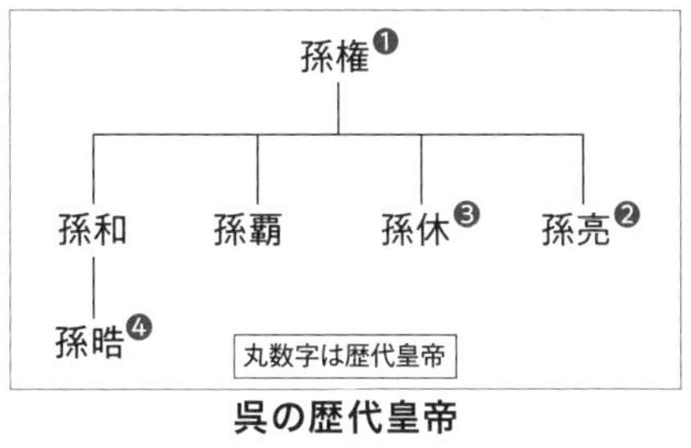

呉の歴代皇帝

豆知識

劉禅に関する言葉として「扶不起的阿斗」がある。これは「救いのない阿斗」という意味だ。ここから、現在の中国においても「愚かな人物」を指す代名詞として劉禅の幼名である「阿斗」という言葉が使われている。

中国で最も人気の神は関羽!?死後に神格化された登場人物

登場人物の生前での業績などがもとになり、その死後、為政者や民衆からまつられる存在に。

忠義心の厚さからまつられた関羽

中国では古来、日本と同じように、歴史上の偉人が民間信仰の対象とされてきた。そして、現代中国で最も有名なのが、関羽を神格化した「関聖帝君」だろう。略して「関帝」ともいう。なお、中国で神仙思想がもとになって成立した宗教に道教があり、道教において帝君は「神様」といった意味にあたる。

８世紀以降、**関羽は歴代の為政者に「武神」としてまつられるようになる。**じつは中国の歴史を見てみると、時の為政者が特定の宗教や信仰対象をしばしば弾圧している。だが、関羽への信仰に対する目立った弾圧はなかった。それは関羽が忠義に厚い武将だったからにほかならない。

97ページでも紹介するように、関羽が劉備と離ればなれになったうえ、曹操の捕虜になってしまう。その際、配下となるよう曹操に誘われたが断り、のちに劉備のもとに駆けつけていることから、その忠義心の厚さがうかがえるだろう。つまり、忠義心が厚い関羽がまつられることは、為政者にとっては都合がよかったといえる。そのため弾圧されるどころか、歴代の為政者から「関公」や「関王」としてまつられてきた。

世界に広がっていった関帝廟

一方、**民間では武神としてではなく、関羽は「財神」（商売の神）としてまつられてきた。**そうなったのは、もともと武神としてまつられてきたのに加えて、生前の関羽のエピソードによるところが大きい。

前述のように関羽は捕虜の身だったにもかかわらず、赤兎（赤兎馬。馬の名前）を贈られるなど、曹操に厚遇されていた（関羽を配下にしたいという曹操の下心もあったのだろうが）。その曹操の恩に報いるべく、曹操軍と敵対していた袁紹軍の将である顔良を討ち果たしている。

また、関羽は現在でいう山西省の出身で、暴利を貪る塩商人を殺害したため逃亡の身となっていたところ、劉備と出会って義兄弟になったという伝承もあった。

こうした関羽の義理堅さを表すエピソードが、“信用第一”を旨とする商人の間で尊ばれ、信仰心へとつながり、山西省出身の商人の間でとくに信仰されるようになったという。山西省の商人によって関羽への信仰は中国全土に広まり、商店街の中心に関羽の像をまつるようになる。それが「関帝廟」の始まりだ。廟とは、祖先の霊などをまつる建築物を指す。

やがて、華僑（中国で生まれて海外へと進出した人の子孫）によって各地に中華街（チャイナタウン）が築かれると、そこには必ずといってよいほど関帝廟が建てられていった。

横浜関帝廟

主君とともにまつられている諸葛亮

関羽と同じく、三国志の登場人物のなかでもとくに信仰を集めているのが、諸葛亮だ。諸葛亮が死去すると、蜀の２代皇帝である劉禅は「忠武侯」という諡号（死後の称号）を贈って、生前の功績を最大限にたたえた。

亡き劉備の遺志を継ぎ、暗愚な皇帝を支え続けた姿は、民衆からも権力者からも人気を博し、**諸葛亮をまつった「武侯祠」が全国各地で建てられていく。**「祠」とは、祖先などをまつる建物を指す。そのなかで最大のものが、蜀の都であった成都、現在の四川省成都市に位置する「成都武侯祠」だ。もとは劉備の霊廟だったが、のちに諸葛亮がまつられ、時を経るうちに関羽や張飛など蜀の武将もまつられるようになり、現在の「武侯祠」が形成されていった。

武侯祠の諸葛亮の像

蜀の人気からまつられている武将

関羽や諸葛亮ほどの信仰の対象にはなっていないが、蜀のほかの人物もまつられている。張飛は「張聖帝君」、または「桓侯」という諡号から「桓侯大帝」と呼ばれ、家を守る魔除けの神として信仰されている。さらに、劉備、関羽、張飛の３名をいっしょにまつる場合は「三義廟」と呼ばれる。

関羽と張飛のほか、「演義」で五虎大将に任じられた趙雲、馬超、黄忠も、それぞれ趙聖帝君、馬聖帝君、黄聖帝君という称号を持つ。

さらに、それぞれの像の両脇には、親類や家臣、関係の深い人物がまつられている。たとえば、関帝廟の関羽の像の両脇には、関羽の子（「演義」では養子）の関平の像が右側に、「演義」にのみ登場する架空の将で関羽の忠実な配下の周倉の像が左側に控えている。

張飛廟でも同様に、張飛の隣に張苞と馬斉が脇に控えている。張苞は張飛の息子で、馬斉はあまり知られていないが文官として張飛を支えた人物だ。趙雲にはその息子の趙統と趙広、馬超には弟の馬休と馬鉄、黄忠にはともに戦った厳顔と魏延といった具合だ。

酒の神としてまつられている曹操

多神教である道教には1000以上の神がいるとされ、蜀陣営に属した人物だけでなく、曹操陣営の軍師である徐庶や郭嘉、孫権の父である孫堅までも神格化されている。

曹操は「北帝太傅魏武帝」としても神格化されているが、意外なことに、**民間信仰では酒神（酒の神）とされている。**

赤壁の戦いの直前、曹操は「短歌行」という詩を詠んでいる。「酒に向かえばまさに歌うべし、人生いくばくぞ……」で始まり、要約すると、「酒を飲み、歌って楽しもう。人生は短いのだから」という内容だ。ただ、酒好きな面から神格化されたわけではなく、郭芝という人物から九醞春酒法という酒造りの秘伝を伝えられ、その製造法を献帝に献上したことに由来する。現在でもそのレシピが残されている。

豆知識

蜀を滅ぼした魏の将軍である鄧艾は、生まれながら言語障害があり苦労したが、努力を重ね、才能を認められて出世していった。そのため、現在では言語障害の守護神として、中国全土に鄧艾をまつる廟が立っている。

主君への忠義心にあふれる「演義」における名場面

「演義」の主人公である劉備のために、その配下が起こす行動の数々が読者の心をふるわせる。

物語の始まりとなる「桃園の誓い」

事実を簡潔に記す「正史」と違い、物語である「演義」には話を盛り上げるため、架空（かくう）のエピソードがちりばめられている。「演義」における最初の名場面である**桃園（とうえん）の誓い（ちか）**もその一つだ。

後漢（ごかん）の末期、黄巾（こうきん）の乱が起こると、各地方で義勇兵が募集された。そのことについて書かれた高札（こうさつ）の前で男がため息をつく。すると、「大の男がため息とは情けない」と、ゴワゴワした虎（とら）のようなひげを生やした人物が声をかけてきた。

桃園の誓い

ため息をついたのが劉備（りゅうび）、声をかけたのが張飛（ちょうひ）だ。劉備が非力な自身の不甲斐（ふがい）なさにため息をついたというと、張飛は自分といっしょに立ち上がろうと言って酒に誘う。２人が酒屋で飲み始めると、見事なひげをたくわえた大男が店に入ってくる。名を関羽（かんう）といい、民を苦しめる悪徳商人を斬ったため、逃亡中の身だという。3人は意気投合すると、張飛の家の裏にある**桃園で義兄弟の契（ちぎ）りを交わす。**

「われらここに義兄弟の契りを結び、力を合わせて心を一つにし、苦しきを救い、危（あや）うきを助け、上は国に報（むく）い、下は民を安んぜん。同年同月同日に生まれてはいないが、同年同月同日に死なんことを願う」。

この誓いののち、呼びかけに応じた仲間たちとともに3人は乱世に躍（おど）り出ていった。

忠義の厚さがえがかれた「関羽千里行」

関羽の見せ場は数多い。そのなかでも、関羽の忠誠心の厚さと武勇がふんだんにえがかれているのが、**関羽千里行（かんうせんりこう）**だ。

199年当時の劉備は曹操（そうそう）と敵対関係にあり、徐（じょ）州を本拠地としていた。しかし、曹操に攻められると逃亡する。劉備の妻子を守っていた関羽は、曹操に降伏せざるを得なかった。

このとき関羽は「曹操にではなく、あくまで漢への降伏であること」「劉備の妻子の安全を保障すること」「劉備の居場所がわかりしだい向かってよいこと」という条件を提示すると、曹操はとりあえずこれを受け入れた。関羽を高く評価していた曹操は、何とか関羽を配下にしようと贈り物をするなど厚遇したが、関羽の気持ちはゆらがなかった。ただ、曹操の厚遇に報いようと、関羽は袁紹（えんしょう）の配下の将である顔良（がんりょう）を討ち取っている。

その後、劉備の所在を知った関羽は、劉備の妻子を連れて曹操のもとを去ることになるが、曹操は惜しみつつも約束を守り、引きとめることはしなかった。ところが、曹操の領内の関所を守る将は、通行手形を持たない関羽一行の通過を許さなかった。そのため、**関羽は道中**

の５つの関所を突破し、６人の守将を次々と打ち倒していく。こうして関羽一行は劉備との合流を果たした。

なお「正史」においては、劉備の妻子についての言及がないうえ、守将も存在せず、関羽は１人で劉備のもとにもどっている。

劉備一行のピンチを救った趙雲と張飛

劉備は荊州で関羽と合流し、さらに諸葛亮を迎えた。それからまもなくして、劉備が身を寄せていた荊州を治める劉表が死去すると、その後継者は曹操にあっさり降伏してしまい、劉備一行は攻めてくる曹操軍から逃げなければならなくなる。そこへ劉備を慕う民が集まり、数十万にもふくれ上がった。

ただ、民を連れての移動は時間を要し、長坂（現在の湖北省荊門市）でついに曹操軍に追いつかれると、劉備は民や妻子を置き去りにし、わずかな供回りだけで逃亡してしまう。

「正史」ではこのあと、劉備に置いていかれた劉備の娘や民を曹操軍が捕らえている。一方で「演義」においては、趙雲と張飛が活躍することになる。

曹操軍の襲来で長坂一帯は大混乱に陥り、劉備の妻の糜夫人と甘夫人、劉備の子の阿斗（のちの劉禅）が曹操軍に捕まりそうになるなか、趙雲がかけつける。負傷していた糜夫人は足手まといになるからと井戸に身を投げると（「正史」では行方不明）、**趙雲は阿斗を甲冑の中に入れ、甘夫人を連れて奮戦し、曹操軍の包囲網を突破し、劉備と合流した。**

「正史」でも趙雲が阿斗を保護しているが、「演義」のような大立ち回りが本当にあったかは確認できない。

次に張飛だが、劉備が逃げる時間を稼ぐべく、わずかな手勢とともに長坂橋の上に留まり、曹操軍を前に「燕人張飛とは俺のことだ。命のいらないやつからかかってこい！」と一喝する。あまりの気迫に押された曹操軍は橋に近づけず、この隙に張飛が橋を落としたことで劉備らは逃げることができた。

ただ「正史」によると、曹操軍が来る前に張飛とその手勢はすでに橋を落としており、川を挟んだ対岸から曹操軍を牽制したという。

蜀の未来を憂えた諸葛亮の決意表明

「演義」のなかで読み手の涙を誘う屈指の場面は、**諸葛亮が出師の表を劉禅に奉じた**ところだろう。出師とは「出兵」、表とは「皇帝に向けた公的な文書」を意味する。

その主な内容は次のようなものだ。「3カ国が並び立つ現状に甘んじていては他国とくらべて国力の劣る蜀の将来は危うい。だからこそ、有能な臣下の意見をよく聞いて、公明正大な政治を心がけてほしい」と劉禅を諭す。

続いて「自身が先帝（劉備）に取り立ててもらい、その恩義に報いるため国のために尽くしてきた。今こそ北に向かい、中原を平定する（魏を打倒するという意味）とき」と表明している。劉禅は涙を流し、諸葛亮が生きているうちは、その言いつけをよく守った。

この出師の表は、その**洗練された文体から後世において名文の一つとされ、その内容から「出師の表を読んで泣かない者は忠臣ではない」といわれる**ようになった。

豆知識

「演義」では、わが子（阿斗）を曹操軍から命がけで救った趙雲に感激し、「お前のせいで大事な趙雲を失うところだった」と言い、劉備は阿斗を投げ捨てている。この劉備の行為に感激する趙雲の姿がえがかれている。

勢力のその後の命運がかかった三国志における一大決戦

数々の戦いがくり広げられた三国時代のなかでも、とくに有名な三つの戦いについて取りあげる。

北方の覇権をかけた一大決戦

黄巾の乱の平定後、董卓(とうたく)が朝廷の実権を握り、反董卓連合が結成されるも空中分解したことは22～23ページで述べたとおりだ。やがて、群雄同士は覇(は)を競い、淘汰(とうた)されていく。そして、北方で残った主な勢力が、黄河を挟んで南側で勢力を拡大した曹操(そうそう)と、北側で強大な勢力を誇っていた袁紹(えんしょう)であり、**この二大勢力による決戦が官渡(かんと)の戦いだ。**

名門中の名門の出である袁紹のもとには人材が集まり、また豊富な兵力を有していた。対する曹操は献帝(けんてい)を擁(よう)しているとはいえ、袁紹の勢力とくらべれば弱小だった。

「正史」によれば、袁紹軍の動員兵力が10万だったのに対し、曹操軍は１万だった（「演義」によれば、袁紹軍70万に対して曹操軍７万）。

官渡の戦いの緒戦では、曹操のもとで捕虜(ほりょ)となっていた関羽が袁紹軍の将である顔良(がんりょう)を討ち取っている。ほかにも、同じく袁紹軍の将である文醜(ぶんしゅう)が戦死している。それでも袁紹軍は曹操軍を兵力で圧倒しており、曹操軍は黄河支流に位置する官渡（現在の河南(かなん)省鄭州(ていしゅう)市）の地に砦(とりで)を築いて立てこもり、袁紹軍はこれを包囲した。

砦にこもる曹操軍はそのうち食糧不足に陥り、隙(すき)を見て袁紹軍の食糧を奪うという有り様だった。苦しい状況にあって、袁紹陣営にいた参謀の許攸（きょゆう）が曹操方に寝返り（袁紹に自身の策が用いられなかったなど原因は諸説あり）、袁紹軍の食糧集積所の位置と防備が手薄なことをバラしてしまう。これを好機と見た曹操は即座に動き、食糧集積所を急襲して袁紹軍の兵糧を焼き払った。

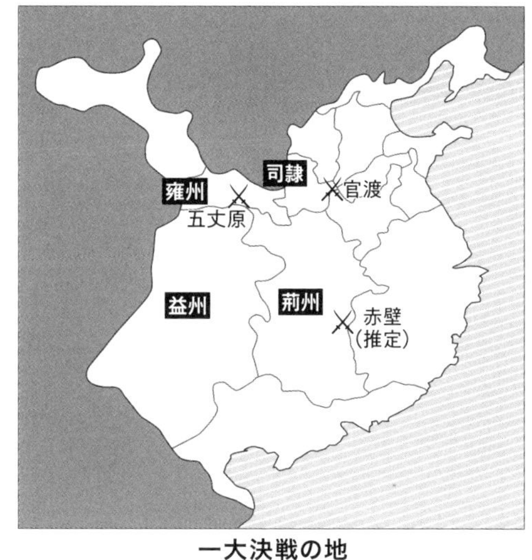

一大決戦の地

大軍だった袁紹軍はたちまち食糧不足となって崩壊し、兵の寝返りや脱走が相次ぎ、退却に追い込まれた。まもなくして袁紹は病死する。曹操は、袁紹の３人の子が後継者争いを始めたことに乗じて袁家の勢力を一掃（いっそう）し、さらに異民族を討伐して北方を勢力下に収めた。後方の憂（うれ）いをなくした曹操は、今度は南方へと目を向ける。

長江を真っ赤に染めた水上の大戦

南方の平定を目論む曹操は、劉表（りゅうひょう）の亡きあとの荊（けい）州の主に降伏を迫り、あっさりと荊州を手にする。このとき劉備は荊州にいたため、居場所を失ってしまう。とはいえ、ろくに領地を持たない劉備など曹操は眼中になく、江東（こうとう）を勢力下に置いていた孫権（そんけん）に降伏を迫る。

孫権陣営の家臣団は降伏派と主戦派に分かれて対立したが、最終的には曹操との決戦に挑むことになり、劉備軍と手を組む。こうして**三国志における屈指の戦い、赤壁（せきへき）の戦いが行われることになる。**

「正史」によれば曹操軍が約20万なのに対し、孫権・劉備軍は５万に満たず、「演義」での曹操軍は80万から100万と大きく誇張されている。いずれにせよ、曹操軍が兵力では圧倒していた。

だからなのだろう、慢心していた曹操は、孫権陣営の老将である黄蓋の偽りの降伏を信じてしまう。その黄蓋が船団を率いて曹操軍に投降するかに見えたそのとき、船に積んであった藁に火がつき、曹操軍の船団をめがけて突っ込んだ。折からの強風で曹操軍の大船団には火がまたたく間に燃え広がり、長江の水面を赤く染め上げた。

このときとばかりに、総司令官である周瑜の命令のもと、孫権軍は攻めかかり、大勝利を収める。そもそも、北方の兵は水上戦に不慣れなうえ、疫病が流行していたことも曹操軍が敗れた要因でもある。

このように、**実際の赤壁の戦いは孫権軍の活躍がめざましい一方、劉備軍はほとんど活躍していない。**だが、「演義」では劉備軍、とくに諸葛亮（字・孔明）が活躍する。諸葛亮は孫権のもとにおもむき、劉備軍との協力をとりつける。諸葛亮の才能を危険視した周瑜は、船による戦いで重要となる矢を３日で10万本も調達するよう諸葛亮に無理難題を押しつけ、失敗すれば処断しようとした。ところが、約束どおり10万本の矢を回収してしまう（草船借箭）。

続いて周瑜は、火攻めを成功させるために東南の風を吹かせるよう諸葛亮に要請する。これに対しても、諸葛亮は風の向きを変えてみせた。こうして孫権・劉備連合軍は大勝利を収める。

風向きを変える諸葛亮

赤壁の戦いの結果、曹操の南進は頓挫し、その間に劉備は獲得した荊州の南部の４郡を足がかりに、益州の攻略に動き出す。

最大のライバルとの最期の戦い

222年の夷陵の戦い後、ほどなくして劉備が病死したことで、蜀の行く末は諸葛亮の双肩にのしかかる。諸葛亮は魏の打倒を国是とし、228年以降、何度も北伐を決行する。しかし、戦略ミスや兵員・補給不足などにより四度にわたって失敗が続く。そして234年、五度目の北伐においては五丈原（現在の陝西省宝鶏市）が主戦場となる。**ここでくり広げられることになるのが、五丈原の戦いだ。**

約10万の蜀軍が、魏の重要拠点だった長安（現在の陝西省西安市）を目指して進軍していたところ、魏の名将である司馬懿（字・仲達）の率いる軍と黄河の支流の渭水を挟んで対陣する。小競り合いはあったが、渭水が増水したこともあって両軍は膠着状態に陥る。それから100日あまり対陣が続くなか、諸葛亮が陣中で病没すると、総司令官の死に動揺する素振りを見せず、蜀軍は整然と撤退していった。

この撤退が「演義」では次のように大きく脚色されている。流れ星を見た司馬懿は諸葛亮の死を悟り、撤退する蜀軍に追撃の構えを見せる。これに対し、蜀軍は諸葛亮が健在であることをアピールすると（諸葛亮の姿をかたどった木像を見せた）、諸葛亮が生きていると勘違いした司馬懿はあわてて追撃を中止するという流れだ。

このエピソードから**「死せる孔明、生ける仲達を走らす」**という言葉が生まれた。司馬懿はこの言葉を聞き「生きている人間なら考えも読めるが、死人相手ではどうしようもない」と苦笑したという。

豆知識

赤壁の戦いが行われたとされる地は複数あり、現在の湖北省赤壁市が有力とされ、市内を流れる長江の岸壁には赤い字で「赤壁」と書かれている（赤壁摩崖石刻）。市内には赤壁の戦いをモチーフとしたテーマパークが運営されている。

たがいの知恵がぶつかり合う 三国志に登場する主な計略

相手に打ち勝つため、相手を不利な状況に陥れるため、さまざまな登場人物が奇抜な計略をめぐらせた。

諸葛亮のオリジナルではなかった？

相手と武器を交える武将の様子も読み応えがあるが、難敵や大規模な軍隊を手玉にとる戦略・計略も「三国志」の魅力だ。

「演義」の代表的な戦略といえば、諸葛亮が語った**「天下三分の計」**だろう。諸葛亮の草廬（草庵）を訪れた劉備からの問いへの回答（対）だったことから**草廬対、またはその地名から隆中対ともいう。**

その中身は次のようなものだ。当時すでに強大だった曹操に対抗するために曹操の支配がおよんでいなかった荊州と益州を領有し、江東（長江の南東部一帯）を地盤とする孫権と手を組めば、三つの勢力（劉備、曹操、孫権）が並び立つ。そのうえで、荊州と益州から同時に兵を出せば、曹操を打倒できるというものだ。この策に感銘を受けた劉備は、

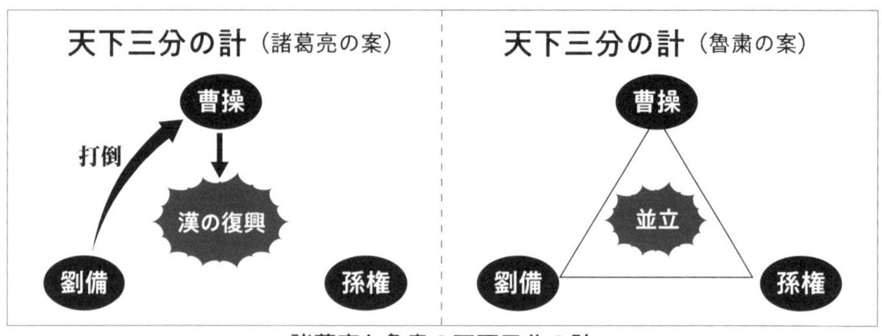

諸葛亮と魯粛の天下三分の計

諸葛亮を自陣営に迎えた。

しかし「正史」を読み解くと、天下三分の計が諸葛亮のオリジナルではなかったとわかる。孫権の配下である魯粛が、孫権に天下を三分する案を語っているからだ。魯粛の案は、漢（後漢）に見切りをつけ、劉備を助けて一つの勢力とし、劉備と曹操の勢力とともに孫権の勢力が並び立つことを目標としていた。他方、諸葛亮の案は、三つの勢力が並び立ったあとに曹操を倒し、漢を復興させることを目的としていた点が異なる。

結局、後漢は滅び、三国が成立した。そして蜀が魏を滅ぼせなかったことから、魯粛の案が実現したといえるだろう。

人間関係と船団をつなぎ合わせる

「演義」では、絶世の美女である貂蝉が董卓と呂布を誘惑して仲違いさせている。この計略を**「連環の計」**という。長い中国の歴史のなかで成立した「兵法三十六計」の35番目に記されている計略で、連環とは、「連ねられた輪」（つながっている輪）という意味だ。

この計略の中身は「敵の数が多い（強力な）場合は、正面から立ち向かってはいけない。敵を疲弊させ、勢力を削ぐ必要がある」というものだ。要は、弱者が強者に勝つためには敵の情勢をよく観察し、計略を用いて仲違いや内紛などを生じさせるべきという手法だ。これは、結束を乱して疑心暗鬼を生じさせるという離間の計の一種でもある。

「演義」にはもう一つの連環の計が登場する。こちらは赤壁の戦いの際、諸葛亮と並ぶ才とうたわれた軍師の龐統が、船酔いに苦しむ曹操軍に授けたものだ。文字どおり、船同士を鎖でつなぎ合わせる（連環する）ことで船を安定させてゆれを減らし、船酔いを解消する方法だ。

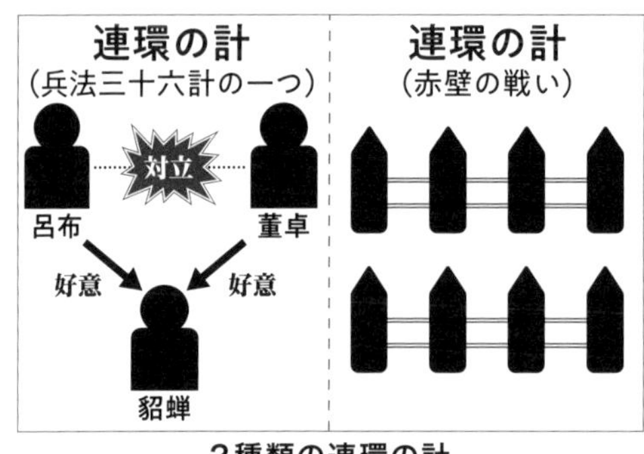

2種類の連環の計

しかし、このときすでに龐統は、劉備・孫権連合軍に味方しており、船をつなぐよう仕向けたのは、船を密集させて身動きをとれなくし、火攻めを成功しやすくするためだった。

作戦は成功し、戦いに敗れたことで曹操の勢力拡大は停滞し、その間に孫権と劉備はそれぞれ勢力を拡大させていく。

なお、「正史」には連環の計に関する記述はない。

自身は傷つかず敵同士を争わせる

連環の計以外にも、「演義」では敵同士を仲違いさせたり、味方に引き込んだりする計略が登場する。

董卓を殺害後、呂布は諸勢力を渡り歩き、一時は曹操の領地の大半を奪うも結局は敗れ、劉備のもとに流れついていた。曹操は呂布と劉備が手を結んで攻撃してこないか心配していたところ、劉備に役職を与えて呂布を討伐させるという計略を配下の荀彧(じゅんいく)が提案する。これは、2頭の空腹の虎に一つの肉を投げれば、その肉を奪い合ってどちらかが死に、勝ったほうも傷つくという話をもとにしていることから**「二虎競食(にこきょうしょく)の計」**という。ただ、劉備が自身を頼ってきた呂布を殺害するのはしのびないとして実行しなかったことから、この計略は失敗に終わっている。

次に荀彧は、献帝(けんてい)を通じて、天子(てんし)(皇帝のこと)を自称していた袁術(えんじゅつ)を討つよう劉備に命じる。劉備が皇帝(献帝)の命令には逆らえないことを計算に入れたうえでのことだ。これは、豹(ひょう)に向かっていくよう虎(とら)をけしかけ、虎が巣穴から飛び出したところ、狼(おおかみ)に虎の穴をねらわせる話をもとにしていることから**「駆虎呑狼(くこどんろう)の計」**という。豹が袁術、虎が劉備、狼が呂布にあたる。

荀彧はさらに袁術に対し、劉備が攻めてくるという情報をリークしたことで戦闘は長引く。すると、この間に呂布が劉備の居城を奪い取ったことから両者の仲は険悪となり、曹操の心配事は解消された。

あえて敵に無防備な状態をさらす奇策

「空城(くうじょう)の計」も連環の計と同じ「兵法三十六計」の32番目に記されている計略だ。自陣や城の防御をわざと手薄にし、敵に「何か罠(わな)があるのではないか」と疑わせて攻撃を思いとどまらせるというものだ。

「演義」においては、馬謖(ばしょく)の失策によって第一次北伐(ほくばつ)の失敗が決定的となり、蜀(しょく)軍の退却に際して諸葛亮がこの計略を用いている。

諸葛亮は城門を開け放って門前をきれいにし、兵士を隠して物音を立てないよう命じ、自身は1人、城の楼台(ろうだい)に上がり、琴(こと)を奏(かな)でた。魏(ぎ)軍の内部では、これが空城の計か、何かの罠(わな)かと意見が分かれる。結局、諸葛亮の奇策を疑った司馬懿(しばい)が攻撃をとりやめ、兵を退(しりぞ)かせた。

空城の計は、敵が攻撃してきた場合はあっさり敗れてしまう危険な計略であり、敗色濃厚な場合にとれる窮余(きゅうよ)の一手ともいえる。また、諸葛亮の実力の高さを知っていた司馬懿が相手だったからこそ、この策が通用したといえる。

豆知識

「正史」において、孫権の配下で猛将の甘寧(かんねい)(65ページ参照)は、孫権に対し、新たに荊州と益州を手に入れて、曹操の勢力に対抗するよう提案している。これは、言うなれば、「天下二分(にぶん)の計」といえるものだ。

現代まで伝わる三国志に由来する故事成語

わたしたちが現在でも見聞きし、使っているあの言葉は、三国志でのエピソードがもとになっている。

蜀にまつわる故事成語

後漢から三国時代にかけて活躍した人物の言動からさまざまな言葉が生まれ、現代でも日常的に使われている。まずは「演義」の主人公である劉備と諸葛亮にまつわる逸話から生まれた言葉（故事成語）を紹介していこう。

曹操と敵対関係に陥った劉備は、荊州を治める劉表のもとにおもむく。その後、８年にわたって戦場に立たず、ろくに馬にも乗らない生活を送っていたところ髀肉（ももの肉）がつき、嘆いたという。このことから、実力を発揮する機会がないまま、無為に日々が過ぎていく様を嘆くことを**髀肉の嘆**というようになった。

この現状を打開すべく、劉備は諸葛亮を自陣営に迎えようと、その家を訪ね、三度目にやっと会うことができた。このことから、立場の上の人が礼を尽くして優秀な人材を迎え入れようとすることを**三顧の礼**というようになった。ただ、現代では回数に関係なく、立場の上の人が対象を熱心に口説き落と

三顧の礼

し、好待遇で迎え入れることをこう表現する。

ちなみに、劉備から積極的に三度訪ねたことを否定する史料を「裴松之注」（13ページ参照）は引用しているが、諸葛亮は「出師の表」（99ページ参照）のなかで劉備から三顧の礼を受けたことを明記しており、劉備が諸葛亮に三顧の礼を尽くしたことは、事実と考えてよい。

こうして自陣営に迎え入れた諸葛亮を劉備が優遇したところ、古参の関羽と張飛は嫉妬する。すると劉備は「魚に水が必要なように、私にも孔明が必要なのだ」と２人に諭す。そのため、水と魚のように密接な関係を**水魚の交わり**というようになった。現代では夫婦の仲がよいときを表す言葉としても用いられている。

劉備に深く信頼された諸葛亮は、劉備の死後、蜀の皇帝に即位した劉禅を支えながら、魏を打倒すべく北伐を決意し、出師の表を発した。

そのなかで諸葛亮は、蜀の現状を**危急存亡の秋**と表現した。これは危険が迫り、生きるか死ぬか瀬戸際の状態を指す。「秋」を「とき」と読むのは、秋に木の実が熟すのと同じように、機が熟した状態を意味している。

いよいよ始まった北伐だったが、その途中、将である馬謖の判断ミスによって蜀軍は撤退せざるをえなくなる。諸葛亮は馬謖に目を掛けていたが、馬謖の処刑を命じ、自分自身は降格処分とした。ここから、たとえ身内や仲のよい者であっても、私情をはさまず処罰することを**泣いて馬謖を斬る**というようになった。

この馬謖は５人兄弟で、いずれも優秀だった。兄の馬良はなかでもとくに優秀であり、眉毛が白かったという。このことから、優秀なグループのなかで、とくに優秀な人物を指す言葉として**白眉**が使われるようになった。

呉にまつわる故事成語

呉にまつわる代表的な言葉の一つは、赤壁の戦いの際に生まれた。孫権の古参の武将である黄蓋は、曹操に寝返りを約束した偽りの手紙を送る。それを信じた曹操が黄蓋の船を迎え入れようとしたところ、黄蓋は自身が率いる船団に火をつけて突入した。曹操軍の船団は火に包まれて大混乱し、呉軍は勝利する。

「演義」ではそのときの経緯がさらに脚色されている。曹操に寝返りを信じ込ませるため、黄蓋はみずからの提案で棒打ち100回という罰を受け、身体を傷つけたのである。疑い深い曹操だったが、黄蓋の策にまんまとはまり、黄蓋を信じ切った。結果、赤壁の戦いで敗北する。ここから、自分の身や味方を苦しめることで敵を欺くことを**苦肉の策(計)**というようになった。現代では、追いつめられて苦しまぎれに実行する策という意味でも使われる。

苦肉の策(計)

周瑜の後任である呂蒙がもとになった言葉も有名だ。若いころの呂蒙は武芸一辺倒で読み書きができなかった。そんな呂蒙は世間から「呉下の阿蒙」とからかわれていた。呉下は「呉の」、阿蒙は「おバカな蒙ちゃん」といった意味だ。

そんなとき、主君である孫権に呂蒙は勉学を勧められる。やがて、孫権陣営の重臣である魯粛が呂蒙と会って話をしてみると、呂蒙は深い学識を身につけており、**呉下の阿蒙にあらず**(もう呉の蒙ちゃんとは呼べない）と感心したという。これを受けて呂蒙は「士、別れて三日、刮目して相待つすべし」と答えた。**刮目**とは「目をこすってよく見る」という意味で、「男子は３日あればどんなに成長しているかわからないから、気をつけて対面すべき」という意味になる。

以上から、単に「呉下の阿蒙」といえば愚かな人物を指す言葉として、「呉下の阿蒙にあらず」という場合は、見違えるように成長した人をほめる言葉として現代でも使われている。

魏にまつわる故事成語

三国が並立してから生まれた名言で、現在に残るものもある。何の役にも立たない意見や実現の見込みのない計画を評価した際に使う**絵に描いた餅（画餅）**は、魏の２代皇帝の曹叡が、名声だけが高くて実態のともなわない人物を解雇したときに言ったとされる。

やがて蜀は魏に滅ぼされ、その魏も司馬懿の孫にあたる司馬炎によって滅ぼされ、晋（西晋）が建国された。

皇帝となった司馬炎は、次に呉を滅ぼそうと軍を送り込む。その軍が呉の都近くまで迫ったとき、折からの天候不順におそわれ、将兵の間で撤退が議論される。そのとき、司馬懿の娘婿で将軍の１人の杜預が「いま、わが軍は勢いがあり、あとは竹を割るようなもの（できた裂け目から一気に割れる）」と言い放ち、進軍が決まった。これが**破竹の勢い**であり、止められないほど勢いがある状態のときに使われる。

その後、晋軍の勢いをおそれた呉は降伏し、三国時代の幕は下りた。

豆知識

さまざまな敵を倒しながらのし上がっていった曹操は、しばしば命をねらわれるが、そのいずれの計画も実行される前にもれてしまい、失敗に終わった。そのため、「曹操の話をすると、曹操が現れる」という言葉が生まれた。

時に物語を左右することも!?「演義」に登場する重要アイテム

武将固有の武器はもちろん、不思議な力を得られる書物まで、物語を盛りあげるアイテムが多数登場する。

武将たちの使う多彩な武器の数々

「演義」に登場する武将が振るう武器のなかには、特別に名前がついているものもあり、その武将の魅力を高めている。

劉備ら義兄弟が旗揚げした際、支援者の出資のもと、３人それぞれの武器がつくられる。劉備の**雌雄一対の剣**は双股剣というふた振りでワンセットの双剣で、軽量なため当時は女性があつかうものだった。劉備が女性用の剣を持つのは作中でカリスマ性を強調するためだという。戦場での活躍がない分、関羽や張飛といった豪傑がつき従うほどの徳を備えた人物の持つ武器として、力強さよりも優美さが求められたといえる。

劉備の武器に対して、その義兄弟の武器は常人ではとてもあつかえない一品だ。関羽の冷艶鋸という名の**青龍偃月刀**は刃幅の広い湾曲した長刀で、重さは82斤（約50kg）もある。張飛の**蛇矛**は刃の部分が蛇のようにくねっている矛で、長さは１丈８尺（約６m）もあった。これらを軽々とあつかえることが、両人の豪傑ぶりを際立たせている。

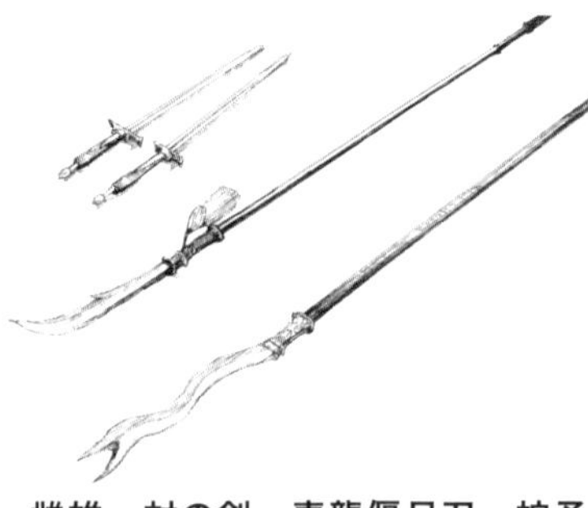
雌雄一対の剣、青龍偃月刀、蛇矛

この２人と互角以上に、さらに劉備も

加わった3人を相手にしたのが、董卓配下だった呂布だ。呂布の持つ武器は**方天画戟**といい、槍の穂先の脇に、月牙と呼ばれる半月上の刃がとりつけられたものだ。呂布の方天画戟には月牙が両脇にとりつけられたことから、双戟とも呼ばれる。

槍のように突くだけでなく、斬る、たたく、払う、薙ぐ、引っかけるなど多様な使い方ができる反面、あつかうのがむずかしいのだが、呂布は巧みに振るい、敵をなぎ倒していった。

とはいえ、じつは、これらの武器は三国時代にはまだ存在しなかった。青龍偃月刀は宋の時代、蛇矛は明の時代に初めてつくられた武器だ。「演義」の成立後、それぞれの時代で脚色されたのだろう。

実在した皇帝の証となる伝玉璽

当時はさまざまな書類を決裁する際に印（印章）を用いていた。いわゆる印鑑のことだ。印章は重要であり、その素材や飾りつけなどによって地位がわかるようになっていた。

とくに皇帝だけが使用できた印章は、最高級の玉（石材）でつくられていたことから**玉璽**と呼ばれる。もともと秦の始皇帝がつくらせ、以後の皇帝に伝わっていたことから**伝国璽**ともいう。玉璽の大きさは4寸（約9cm）四方で、つまみ部分には5匹の龍がほられていたという。

「演義」によれば、董卓によって無理やり都が洛陽（現在の河南省洛陽市）から長安（現在の陝西省西安市）に移される際、そのドサクサで玉璽は紛失する。その後、董卓の討伐軍に参加していた孫堅が、洛陽の井戸の中から発見した。

孫堅の死後、その持ち主となった子の孫策は、庇護下にあった袁術に玉璽を差し出す代わりに自家の兵を返してもらい、その兵で江東に地盤を築いていく。一方、玉璽を手に入れた袁術は増長し、天子（皇帝のこと）を自称したことで民心を失い、まもなく曹操に敗れて自滅していった。

玉璽はその後、本来の持ち主である献帝の手元にもどったとされ、献帝が皇位を退く際、曹丕の手に渡る。五代十国時代（907年〜960年）まではその存在を確認できたが、異民族の侵攻を受けた際に紛失し、歴史上から姿を消した。

曹操が著した戦術マニュアル

古代より中国では記録する文化が盛んで、それを記す媒体も発達していた。そのため、「演義」でも多くの書物がさまざまな場面で登場する。

後漢の衰退を決定づける黄巾の乱の指導者だった張角は、南華老仙という仙人と出会い、**『太平要術の書』**を授かり、太平道を創始したとされている。書を渡されたとき、「これを使って世直しをせよ。ただし、悪しきことに使えば天罰がくだる」と忠告を受けていた。ところが、張角は184年に黄巾の乱を起こし、その年に病死する。

すぐれた軍略家だった曹操は、春秋時代の後期（紀元前6世紀）に活躍した兵法家の孫子が著した兵法書に注釈をつけている。現在でも読まれているいわゆる『孫子』は、曹操が注釈をつけた『魏武注孫子』がベースになっている。

「演義」のなかでも曹操は、**『孟徳新書』**という孫子にならった兵法書を著している。これは、実際に曹操軍が使用していた戦術マニュアルの『兵書接要』が元ネタで、曹操軍の武将は『兵書接要』を参考にして作戦行動をとったという。

また、曹操の治療も行った華佗は、曹操の怒りにふれて捕らえられ、拷問を受ける。死期を悟った華佗は自身の医学知識を後世に伝えようと、みずからの医術をまとめた書を牢屋の番人に託そうとした。しかし発覚すれば罰せられるとして受け取りを拒否されると、みずからの手で焼き捨てている。「演義」では**『青囊書』**という自著の医術書を牢番に託したが、牢番の妻が焼き捨ててしまう。医術書が後世に伝わっていれば、中国の医学発展に貢献したかもしれない。

諸葛亮は発明までお手のもの？

軍師としてよく知られる諸葛亮だが、発明家としての一面も持つ。「演義」では、一度に複数の矢を発射できる連弩や、上腕までを覆って防御力を高めた筒袖鎧という鎧を発明している。ただし、いずれも諸葛亮の生きた時代以前から存在しているため、発明したとはいえない。だが、諸葛亮が連弩や筒袖鎧に改良を加えたことは確かなようだ。

実際に諸葛亮が発明したものもある。北伐の際、補給に苦労した諸葛亮は**木牛・流馬**という荷車を発明した。現代でいう手押し車やリヤカーのようなものと考えられている。これにより、軍の補給が向上したという。この木牛・流馬は「正史」にも記録が残っている。

木牛（想像図）

豆知識

呂布の愛馬の名を赤兎といい、「演義」では赤兎馬という。西域産の汗血馬で、1日に千里（約400km）走るとされた。呂布の死後は曹操の手に渡るも家臣の誰も乗りこなせないなか、捕虜だった関羽は乗りこなし、以後は関羽が所有した。

邪馬台国はこのころ存在した！三国時代における日本の歴史

「正史」のなかには、弥生時代だったころの日本を知るうえで重要な手がかりが書かれていた。

中国の歴史書に記された“古代日本”

中国の三国時代は、日本でいう弥生時代に相当する。当時の日本は文字が普及していなかった。そのため、遺跡の発掘（考古学）などを除いては、**中国の歴史書を通じてしか当時の日本を知る術はない。**

「正史」を構成する『魏志（魏書）』の全30巻（12ページ参照）のうちの「烏丸鮮卑東夷伝」には、漢人（の国家）を中華として、中国大陸東北部の民族である烏丸（烏桓）や鮮卑、朝鮮半島など、東方の異民族（東夷）について書かれている。

日本列島に当時住んでいた人々のことは「倭人条」（日本では一般的に「魏志倭人伝」と呼ばれる）という項目に記述されている。37万字にもおよぶ「正史」のうち、「魏志倭人伝」は2000字に過ぎない。その主な内容は次のようなものだ。

倭国（当時の日本）はもともと男の王が治めていたが、国が大きく乱れ、小国が乱立するようになる。そこで卑弥呼という女王を立てたところ混乱は鎮まり、邪馬台国が成立した。卑弥呼はまじないや占いなどにより神と交信し、その弟が補佐することで、７万戸余りを治めていたという。卑弥呼は人と会うことはほとんどなく、1000人の女性が身の回りの世話をしていた。

後漢のできごとが書かれている歴史書『後漢書』の「東夷伝」もひもといてみると、男の王だったころの57年と107年の二度にわたって、奴国が後漢の皇帝に使節を送っている。２世紀後半から倭国で大乱が起こる。歴史上、「倭国大乱」と呼ばれるできごとだ。卑弥呼が女王となって、この乱は収束した。

卑弥呼

卑弥呼が存命の間はうまく治まっていた邪馬台国も、247年に卑弥呼が死去すると乱れたため、その縁者にあたる13歳の壱与（台与）を新たな女王に立てたところ乱は治まったという。

国際情勢により厚遇された邪馬台国

邪馬台国が魏に初めて使者を送ったのは239年のこと（238年説も）。当時、魏の皇帝だったのは第３代の曹芳である。邪馬台国の使節は曹芳に男女10人の奴隷と、５ｍ程度の２反の布を献上している。

曹芳は海を越えて遠方から訪れたことを評価し、**「親魏倭王」という封号（その地の支配を認めた者に与える称号）と、それを証明する金印のほか、銅鏡100枚を授けている。**再び卑弥呼が魏へ使節を派遣すると、返礼として軍のアドバイザーまで派遣するという厚遇ぶりだった。魏と交流のあった国のなかで、「親魏」という文字を使って友好関係を強調されたのは、邪馬台国のほかは１カ国しかなく、倭国の献上品からすれば破格の待遇といえる。

これには当時の国際情勢が深く関係していた。三国時代以前の朝鮮半島の北部一帯は後漢の支配下にあったが、その末期、国政の乱れに乗じて公孫氏が一帯を支配下に置くと、魏に属しつつ、実質的な独立

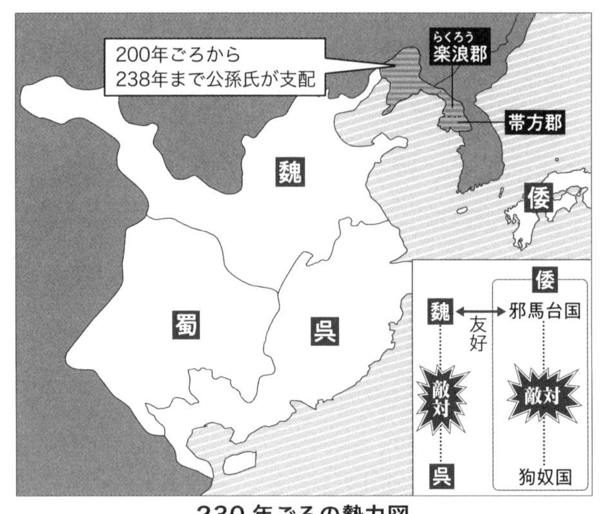

230 年ごろの勢力図

勢力を築いていた。ところが、公孫氏が呉（ご）に接近する動きを見せると、魏と公孫氏の関係は悪化し、237年、時の当主である公孫淵（こうそんえん）が王を名乗ったことで対立は決定的となる。曹叡（そうえい）は司馬懿（しばい）に公孫淵を討つよう命じ、司馬懿は翌年に公孫氏を滅ぼした。

この直後、卑弥呼が派遣した使節が、朝鮮半島を経由して魏を訪れている。邪馬台国は南の狗奴（くな）国と対立関係にあり、**魏と外交関係を結ぶことで、その強大な国力を後ろ盾（うしろだて）とし、狗奴国を牽制（けんせい）しようとしたとみられている。**一方の魏は、公孫氏を滅ぼしたものの、呉とは敵対関係にあり、万が一、呉と邪馬台国が手を組んで同時に攻めてくるとも限らなかった。そこで邪馬台国に対して友好的な態度を示し、破格ともいえる品物を贈ったというわけだ。

なお、卑弥呼の後継者である壱与は、10年足らずの間に四度にわたって魏に使節を派遣しており、その返礼として魏の使節が邪馬台国を訪れている。

邪馬台国の人々の暮らし

「正史」からは、当時の邪馬台国の風俗についても知ることができる。

男性は、子どものころから顔や体に入れ墨（いれずみ）をしていた。衣服は幅広い布を結び合わせているだけ。父母とその子ども夫婦は別の部屋で寝ている。外出時も裸足で歩いている。土地は温暖で、冬でも生野菜を食べている。稲や麻、桑を栽培しつつ、蚕を飼って糸を紡いでいる。兵器は矛・盾・木弓を用い、弓は下が短く上が長く、竹製の矢には鉄や骨の矢じりをつけている。

人が死ぬと、遺体は棺に入れて地中に埋葬し、水に入って体を清めたうえで10日間、喪に服して肉を食べなかったという。

そのほか、占いを重視すること、お酒を飲むこと、長寿なこと、真珠などを産出すること、男女の格差まで描写されている。

邪馬台国はどこにあったのか？

古来、また現代の日本においても、**邪馬台国がどこにあったのかということが議論されている。その大きな手がかりであり、また今日の議論の原因になっているのも「魏志倭人伝」だ。**

邪馬台国は帯方郡から1万2000里の地にあったと書かれているうえ、その行程までくわしく書かれている。だが、1万2000里という総距離と行程（途中に通過した国名とその国の間の距離、日数）をもとにすると、さまざまな解釈が可能なため、邪馬台国の推定地がいくつも唱えられることになった。

主なものが「九州説」と「畿内説」だ。さらに、邪馬台国が発展してヤマト政権が誕生した、ヤマト政権が邪馬台国を滅ぼして吸収した、そもそも接点がないなど、さまざまな学説が唱えられている。

豆知識

福岡県福岡市の志賀島で偶然見つかり、国宝とされている金印は、57年に後漢の初代皇帝である光武帝が、倭の奴国の王に授けたものとされている。だが、曹芳が卑弥呼に授けたとされる金印は見つかっていない。

大衆化でアレンジされていった日本における“三国志ブーム”

日本でも古くから人気だった三国志は、本家の中国と異なる独自の進化を遂げていった。

江戸時代に広まった『絵本通俗三国志』

古くから中国と交流していた日本には、早くから正史である『三国志』が伝わっていたようだ。奈良時代に成立した歴史書『日本書紀』の編纂には「正史」が参考にされたという。

平安時代の初期、宇多天皇の命令を受けて貴族で学者の藤原佐世が作成した漢籍目録の『日本国見在書目録』にも「三国志」の字が確認できる。とはいえ、このころの「正史」は歴史書であり、知識階級や支配階級のみに知られる存在だった。

鎌倉時代以降から、中国で編まれた歴史書が日本の武士の間でも読まれるようになり、「正史」も人気となっていた。室町時代に成立した日本の古典『太平記』にも、「正史」から引用された言葉が多く見られる。

江戸時代の前期より、知識階級が「演義」を目にしていたことはわかっている。たとえば、徳川将軍家に仕えた儒学者の林羅山が、「演義」を読んでいたことが記録に残っているからだ。

それから、庶民の間にも「演義」の存在が広まっていった。1690年ごろ、湖南文山によって「演義」を忠実に日本語に翻訳した**『通俗三国志』**が出版されたことがきっかけだ。

それから150年後の1836年、絵師の葛飾戴斗が『通俗三国志』に400点以上もの挿絵を入れた**『絵本通俗三国志』**を著した。文字だらけで大長編の『通俗三国志』を避けていた人々が『絵本通俗三国志』を手に取ったことで、三国志の大衆化が進んでいく。

ちなみに、葛飾戴斗の師である浮世絵師の葛飾北斎も大の三国志好きであり、諸葛亮や曹操などを描いた作品が日本各地に残されている。

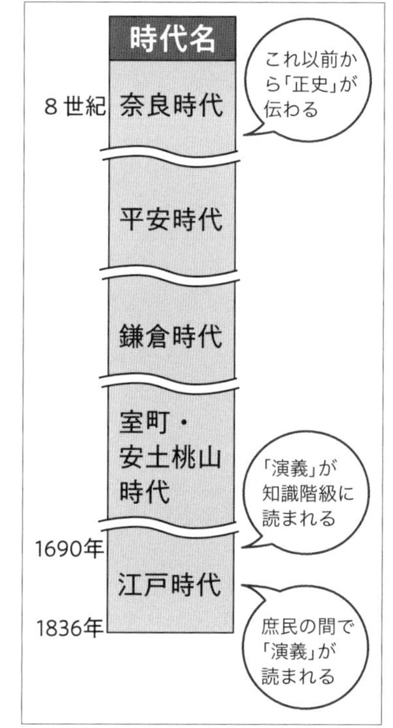

日本での普及

日本の「演義」の原点となった小説

明治時代後期には、臣民（国民）と天皇の関係性の良いお手本になるとして、主君である劉備に忠節を尽くす諸葛亮のエピソードが教科書にも掲載された。

幸田露伴の『通俗三国志』、白河鯉洋の『諸葛孔明』など、当時の著名な文人が「演義」の訳本や評伝を手がけている。また、詩人の土井晩翠による作『星落秋風五丈原』において、諸葛亮の忠義心が美しくつづられると、諸葛亮の人気はますます高まり、日本における諸葛亮のイメージ像が形成されていく。

昭和期に入ると、現在も読み継がれる**吉川英治による小説『三国志』**が刊行される。1939年から新聞連載で始まった吉川版は、軍国主義が渦巻く当時の風潮にあっても、大衆の娯楽として好まれた。吉川が作中で主人公に据えたのは、曹操と諸葛亮だった。これは吉川英治が

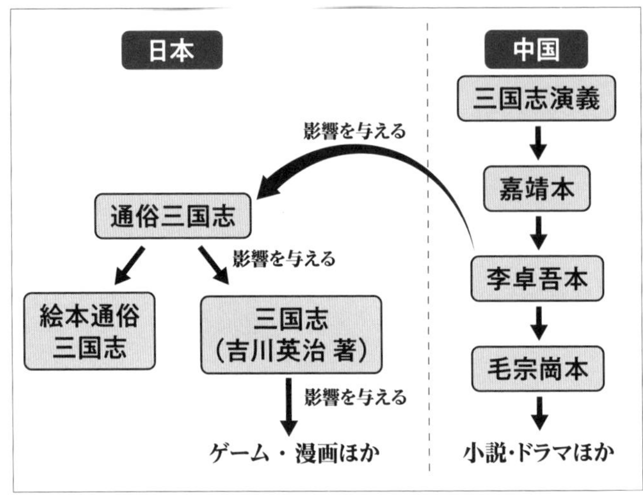

「演義」の日本でのスピンオフ

小説の土台とした『通俗三国志』が、明の時代の思想家である李卓吾が評をつけた『李卓吾先生批評三国志（李卓吾本）』を参考にしていた影響が強い。

漫画、人形劇、アニメ、そしてゲームへ

戦後、吉川英治の『三国志』をベースとして、三国志はさまざまな展開を見せる。なかでも、1971年から1987年まで約16年にわたって連載され、全60巻の大長編となった**横山光輝の漫画『三国志』**は、累計発行部数8000万部を超え、吉川英治の小説と並ぶ大ヒット作となった。

1982年にはNHKで『人形劇・三国志』の放送が始まる。少年少女向けに制作されたことから勧善懲悪の色合いが強く、独自の解釈がなされたほか、オリジナルのキャラクターも登場した。ストーリーテラーとして当時人気だった漫才コンビの紳助・竜介を配し、2人の人形が作中に登場して狂言回しの役を担うなどのコミカルなシーンもあり、新たなファンの獲得に一役買った。

人形劇がヒットして以降、三国志はアニメ化や映画化もされた。もう一つの潮流を生んだのが、1985年に光栄（現在のコーエーテクモゲー

ムス）が発売した**ゲーム『三國志』**だろう。三国志の世界を舞台とし、プレイヤーが群雄（仮想のキャラクターも作成可能）の１人となって、中国の統一を目指すという戦略シミュレーションゲームだ。同作は人気シリーズとなり、三国志を題材としたシミュレーションゲームのひな型となった。

英雄・豪傑が美少女キャラに!?

新たなファンを獲得するなかで、日本における三国志ブームはこれまでにない、独自の展開を見せていく。1992年から連載された片山まさゆきのギャグ漫画『SWEET三国志』、2020年に公開された映画『新解釈・三國志』などは、三国志をコミカルにアレンジしたのが特徴だ。

李學仁（原作・原案）と王欣太（作画）により1994年から連載された『蒼天航路』の主人公は曹操であり、同作がヒットしたことで、曹操ファンが増えたことは間違いない。

学園格闘漫画の『一騎当千』では登場人物の名前こそ三国志と同じだが、大半が美少女キャラという異色作だ。同作はアニメ化、ゲーム化もされている。2021年には、コーエーテクモゲームスの３Ｄアクションゲーム『真・三國無双』が、日中香の合作で制作費40億円をかけて実写映画化された。

そしてとうとう、諸葛亮が現代の渋谷にタイムスリップして活躍する姿がえがかれる漫画『パリピ孔明』が、2023年に実写ドラマ化された。日本における三国志の展開はとどまるところを知らない。

豆知識

『人形劇・三国志』で使われた人形は、人形美術家の川本喜八郎が制作したもので、現在は長野県飯田市の「川本喜八郎人形美術館」に所蔵されており、常時50体近くが展示されている。

日本と中国でこんなに違う？三国志の登場人物の人気

中国では時代とともに、三国志に登場する人物の強さなどの評価のランキングは変わってきた。

数え歌になっている武将ランキング

三国志には個性豊かな人物（「正史」では約3000人、「演義」では約1200人）が登場し、さまざまな活躍がえがかれている。やがて、特定の登場人物に対して人気が形成された。

日本で人気の人物といえば、君主である曹操、劉備、孫権を含めなければ、関羽や趙雲ではないだろうか。それでは、三国志の誕生の地である中国ではどうなのか見ていこう。

人気の度合いを表したものとして、**「三国二十四名将」**と呼ばれる最強武将ランキングが、数え歌のような形で昔から存在した。それが次のようなものだ。

一呂二趙三典韋,四関五馬六張飛,黄許孫太両夏侯,二張徐龐甘周魏,槍神張繡和文顔,雖勇無奈命太悲,三國二十四名将,打末鄧艾与姜維

強さの順位を表す漢数字と武将の姓だけが羅列されているだけのこともあってわかりにくいだろうが、これまでの本書の内容を踏まえれば、ピンとくる武将もいるかもしれない（右ページの図を参照）。

純粋な強さでいえば、第1位の呂布は誰もが疑う余地はないだろう。

順位	名前	所属先
1位	呂布	ほか
2位	趙雲	蜀
3位	典韋	魏
4位	関羽	蜀
5位	馬超	蜀
6位	張飛	蜀
7位	黄忠	蜀
8位	許褚	魏
9位	孫策	呉
10位	太史慈	呉
11位	夏侯惇	魏
12位	夏侯淵	魏
13位	張遼	魏
14位	張郃	魏
15位	徐晃	魏
16位	龐徳	魏
17位	甘寧	呉
18位	周泰	呉
19位	魏延	蜀
20位	張繡	魏
21位	文醜	ほか
22位	顔良	ほか
23位	鄧艾	魏
24位	姜維	蜀

三国二十四名将

だが、第２位の趙雲からもう異論が出そうだ。日本で制作された三国志に関するゲームソフトでは、呂布の強さ（武力）を表す数値を最高として、それに続くのが関羽や張飛だからというのも理由の一つだろう。趙雲も強いことには強いが、両者には一歩ゆずる。

第３位の典韋にいたっては首をひねらざるを得ない。曹操の身辺警護を司る親衛隊長だった典韋の有名なエピソードといえば、曹操を逃すためにみずからが犠牲になったという忠義の厚さを示すくらいだ。だが、曹操軍が呂布軍と争っていた際、典韋の勇猛な戦ぶりを目にした呂布がおじけづいて撤退したというエピソードがあることから、３位でもおかしくないのかもしれない。

典韋の亡きあとに、新たな親衛隊長となった許褚は、馬超との一騎打ちで引き分け、その馬超は劉備軍に属する前、張飛との一騎打ちを引き分けており、上位に名を連ねるのは納得できるだろう。

第10位から第19位までの武将もそれぞれ活躍するエピソードがえがかれていることから、そこまでの違和感はないのではないだろうか。

ただ、やられ役とはいえ、「演義」において袁紹の配下の将である文醜や顔良より上に、張繍の名があるのは不思議に思うかもしれない。張繍は夜襲を仕掛けて曹操の長男（曹昂）と典韋を殺害し、曹操をあと一歩で討ち取るところまで追いつめている。しかし、これは張繍の軍師だった賈詡の策によるところが大きい。一方、じつは張繍は槍の名手であり、のちに曹操に降伏してからは数々の戦功をあげ、列侯に封じられている。こういった面も考えると、理解できるかもしれない。

武将にくらべ、策略家や計略家などのランクづけはむずかしい。武将のように、実際に刃を交えて戦うということがないからだ。

それでもランクづけするとすれば、人気・実力ともに諸葛亮が第１位に推されるだろう。もし、その第１位の座に待ったをかける人物をあげるとするなら、ライバルである司馬懿を置いてほかにはいないのではないだろうか。諸葛亮による北伐を何度も退け、魏の実権を握り、自身の孫（司馬炎）が晋（西晋）を建国する基盤を築いたからだ。

議論百出も醍醐味の一つ

「三国二十四名将」は、いつの時代に誰によってつくられたのか不明だ。「演義」の成立から時代が経つにつれ、人気が上がっていった趙雲が上位に位置することから、つくられたのはそこまで古くない時代なのかもしれない。

その一方、国が公認したケースがある。唐の時代にあたる760年、時の皇帝の命令によって**武廟十哲**が選出され、建立された廟にまつられた。選出されたのは唐より前の時代に活躍した10人のすぐれた武将で、三国時代からは諸葛亮のみが選ばれている。

さらに時代が下り、やはり唐の時代にあたる782年にも、時の皇帝の命令により、今度は64人の武将が選出されている。これを**武廟六十四将**という。

今回は三国時代から複数人が選ばれている。魏からは鄧艾と張遼、蜀からは関羽と張飛、呉からは周瑜、呂蒙、陸遜、陸抗だ。蜀の人選が納得できる一方、魏の人選に意外な印象を受けるかもしれない。呉から４人も選ばれていることから、時代によって武将の評価が変化していることがよくわかる。

ランキングは選者の主観が入りやすく、しかも時代とともに登場人物の人気は上下し、順位は入れ替えられてきた。そもそも、こうしたランキングがつくられるのは、個性的で魅力的な人物が数多く登場する、三国志ならではといえるだろう。

名前	所属先
諸葛亮	蜀

名前	所属先	名前	所属先	名前	所属先
鄧艾	魏	関羽	蜀	周瑜	呉
張遼	魏	張飛	蜀	呂蒙	呉
				陸遜	呉
				陸抗	呉

武廟十哲（左）と武廟六十四将（右）における三国志の人物

豆知識

「演義」の主役が劉備や諸葛亮のため、中国では長らくこの２人が曹操と孫権を圧倒する人気だった。ところが、近代になり中国の風潮も相まって、曹操の改革者としての再評価が進むとともに、曹操の人気が高まっている。

本場の中国でも進化を続ける三国志を題材とした二次創作

制作が大変な「演義」の長編ドラマ化は避けられ、個別の人物に焦点をあてたドラマが目白押しに。

庶民に人気の「説三分」と『三国志平話』

「正史」の成立から「演義」の成立まで1000年以上もの開きがある。その間に、歌舞音曲や舞台、講話など、さまざまな形で三国時代を題材とした物語が語り継がれていた。

まず人気となったのが、宋の時代（960年～1279年）に流行した**「説三分」**と呼ばれる講談だ。都市部の盛り場で行われていた寄席では、とくに三国時代の英雄たちの物語が人気で、「説三分」を専門にする講談師までいたという。

宋の時代の著名な詩人である蘇軾（または蘇東坡）は、「子どもたちがうるさいとき、講釈師を呼んで三国時代の物語を聞かせた。すると、劉備が負けると涙し、曹操が敗れる場面では喝采を送った」という記録を残している。このことから、三国志が大衆にとってごく身近であり、劉備を“善玉”、曹操を“悪玉”とする設定がこのころすでに定着していたことがわかる。

宋が滅び、元の時代にあたる14世紀前半、「説三分」のエピソードをまとめ、挿絵をつけた**『三国志平話』**が成立する。ただ、民間伝承を下敷きにしているため、妖術使いが天候を操って敵を撃退するなど、荒唐無稽な設定が存在した。ただし、こうした設定はのちに成立する

「演義」にも一部採用されている。

さらに元の時代には、『三国志平話』を下敷きにした雑劇が公演された。雑劇を簡単にいうと、今でいう大衆演劇である。とくに人気だったのが、張飛が長坂の橋で大見得をきるシーンだ。関羽が神格化される以前は、じつは張飛のほうが圧倒的な人気を誇っていた。やがて雑劇は洗練され、京劇へと形を変え、その過程で物語が脚色され、関羽の架空の息子である関索が活躍する『花関索伝』をはじめとする作品も生まれた。

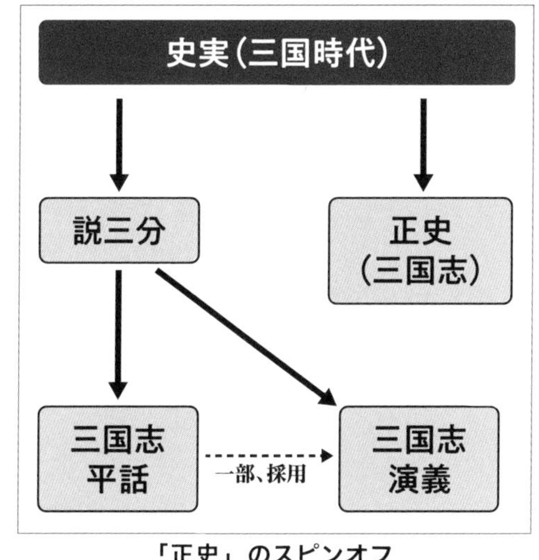

「正史」のスピンオフ

蜀びいきが大満足の『反三国志演義』

明の時代（1368年〜1644年）には「演義」の派生作として**『三国志後伝』**が成立している。その内容は、蜀が滅亡したのち、劉備、関羽、張飛、諸葛亮の子孫が異境の地に集結して旗揚げし、ついには晋を滅ぼすというものだ。

さらに時代が進み、清の時代（1644年〜1912年）に成立した**『後三国石珠演義』**は、主人公の石珠という女性が劉弘祖という人物を助けて漢王に就けるという構成になっており、『三国志後伝』に輪をかけて史実とまったく関係のない物語が展開される。

そして二次創作のなかでもとりわけ有名なのが、官吏だった経験を持つ周大荒が1930年ごろに著した**『反三国志演義』**だ。曹操陣営に引き抜かれたはずの徐庶が劉備陣営に残り、関羽、張飛、趙雲、馬超、姜維らとともに北伐に参加。劉禅の子である劉諶のもとで、蜀が三国を統一するという物語だ。魏や呉の武官と文官が次々に非業の死を遂げるなど、完全に蜀寄りの内容となっている。

テレビドラマでえがかれる「演義」

映画やテレビなどの媒体が登場すると、三国志の物語は映像化されていく。とはいえ、壮大な物語である「演義」の完全映像化には相当の話数が必要で、かつ予算も高額となることは目に見えていた。1994年、ようやく中国製作となる全編映像化のドラマ『三国演義』が放送される。人民解放軍をはじめ、10万人規模のエキストラを動員した全84話からなる大作で、製作費は約100億円にのぼった。翌年には日本でも放送されたことから、覚えている人もいるかもしれない。

次の全編実写化は2010年の『三国志 Three Kingdoms』だ。製作に6年の歳月をかけ、CGを駆使した壮大な合戦シーンなどが盛り込まれ、製作費約25億円をかけた全95話の大長編となっている。主要人物だけで約100人、名のある登場人物は300人以上にのぼり、中国、香港、台湾など中華圏の名だたる俳優が出演している。

現在の中国では、製作費の高騰を抑えるなどの目的もあって話数が制限されており、大長編となる「演義」の全編の実写化はむずかしい状況だ。ただ、三国時代は非常に人気が高い。今後は何シーズンかに分けるなどしてリメイクされるかもしれない。

三国志を題材としたドラマのこれから

現在の中国でも時代劇は盛んだが、宮廷ロマンスや武侠活劇（武術を会得したアウトローたちの物語）などの要素を含む「古装劇」と呼ばれる作品群が中心になっている。三国志も例にもれず、近年は劉備や諸葛亮ではなく、新たな人物を主人公に据えたドラマが盛んに製作されている。

2013年には、曹操を主人公とした『曹操』（全41話）が放送された。曹操が大志を抱いて漢（後漢）のために戦い、家族や一族を大事にする家長としての面もえがかれている。2015年には、趙雲を主人公にした『三国志〜趙雲伝〜』（全59話）が放送された。劉備の配下になる以前の趙雲を主人公とし、恋愛模様やライバルとの戦いをえがいた青春アクション活劇だ。

そして2017年に放送された『三国志〜司馬懿 軍師連盟〜』（全86話）は、司馬懿が主人公だ。その意思とは裏腹に曹操によって登用され、歴代皇帝との複雑な君臣関係を経て、司馬懿が成長していく姿をえがいている。前半は政治的な駆け引きと家族愛が中心であり、後半に登場するライバルの諸葛亮との間には、敵対しながらもたがいを認める姿がえがかれている。

変わったところでは2018年に放送された、後漢の最後の皇帝である献帝を主人公とした『三国志 Secret of Three Kingdoms』（全54話）がある。「正史」でも「演義」でも存在感の薄い献帝に、じつは双子の弟がいたという斬新な設定が売りだ。曹操の圧力をかわしながら、皇后と漢の再興を目指すも、やがて曹丕に帝位をゆずるという過程が、史実とは異なる視点でえがかれている。

豆知識

中華圏初となる三国志のドラマは、1985年に製作された『三国志 諸葛孔明』。放送時間になると、人々はテレビにかじりつき、通りから人がいなくなるほどだったという。同年、香港でも孔明を主人公としたドラマが製作されている。

三国志に関する主要年表

本書に登場するさまざまなできごとのなかから、とくに押さえておきたいできごとについて時系列で紹介しています。

年代	できごと
184年	張角の主導によって黄巾の乱が起こる 劉備、関羽、張飛らが義勇軍を結成する
189年	宦官によって大将軍の何進が殺害され、董卓が実権を握る 董卓によって劉協が皇帝（献帝）に即位する
190年	反董卓連合軍が結成される
192年	養子の呂布が董卓を殺害する 曹操が黄巾の乱の残党（青州兵）を自軍に組み込む
193年	曹操が陶謙が治める徐州に侵攻する
194年	劉備が徐州の統治者となるも、呂布に徐州を奪われる
196年	献帝が曹操の支配地に迎え入れられる
199年	曹操軍に敗れた呂布が処刑される 袁紹軍が公孫瓚を殺害する
200年	曹操の暗殺計画が発覚し、劉備が袁紹のもとに身を寄せる 曹操軍と袁紹軍が戦い、曹操軍が勝利する（官渡の戦い） 劉備が荊州を治める劉表のもとに身を寄せる
202年	袁紹が死去する
207年	曹操軍によって袁家が滅亡する
208年	諸葛亮が劉備の配下となる 曹操軍と孫権・劉備連合軍が戦い、連合軍が勝利する（赤壁の戦い）
209年	劉備が荊州の４郡を攻めとる
212年	劉備が益州に入る

年代	できごと
214年	益州を治める劉璋を降伏させ、劉備が益州を得る
216年	曹操が魏王に封じられる
219年	劉備が漢中王を名乗る
220年	孫権軍に敗れた関羽が殺害される 曹操が死去する 曹丕が皇帝に即位し、魏（曹魏）が建国される（後漢が滅亡する）
221年	劉備が皇帝に即位し、漢（蜀漢）が建国される 張飛が部下に殺害される
222年	孫権が呉王に封じられる 呉に侵攻した蜀軍が大敗する（夷陵の戦い）
223年	劉備が死去する
224年	蜀と呉が再び同盟を結ぶ
225年	蜀軍の南征によって孟獲の反乱が鎮圧される
228年	蜀軍による北伐が開始される
229年	孫権が皇帝に即位し、呉（孫呉）が建国される
234年	蜀軍による第五次北伐（五丈原の戦い）の際、諸葛亮が病没する
238年	魏の侵攻によって公孫氏が滅亡する
249年	司馬懿がクーデターを起こし、実権を握る（高平陵の変）
250年	孫権が後継候補の２人に処分をくだす（二宮の変）
251年	司馬懿が死去する
252年	孫権が死去する
263年	魏軍の侵攻によって漢（蜀漢）が滅亡する
265年	司馬炎が皇帝に即位し、晋（西晋）が建国される（魏が滅亡する）
280年	晋軍の侵攻によって呉が滅亡する

主要人物の生没年一覧　三国志の主要人物の生没年です。

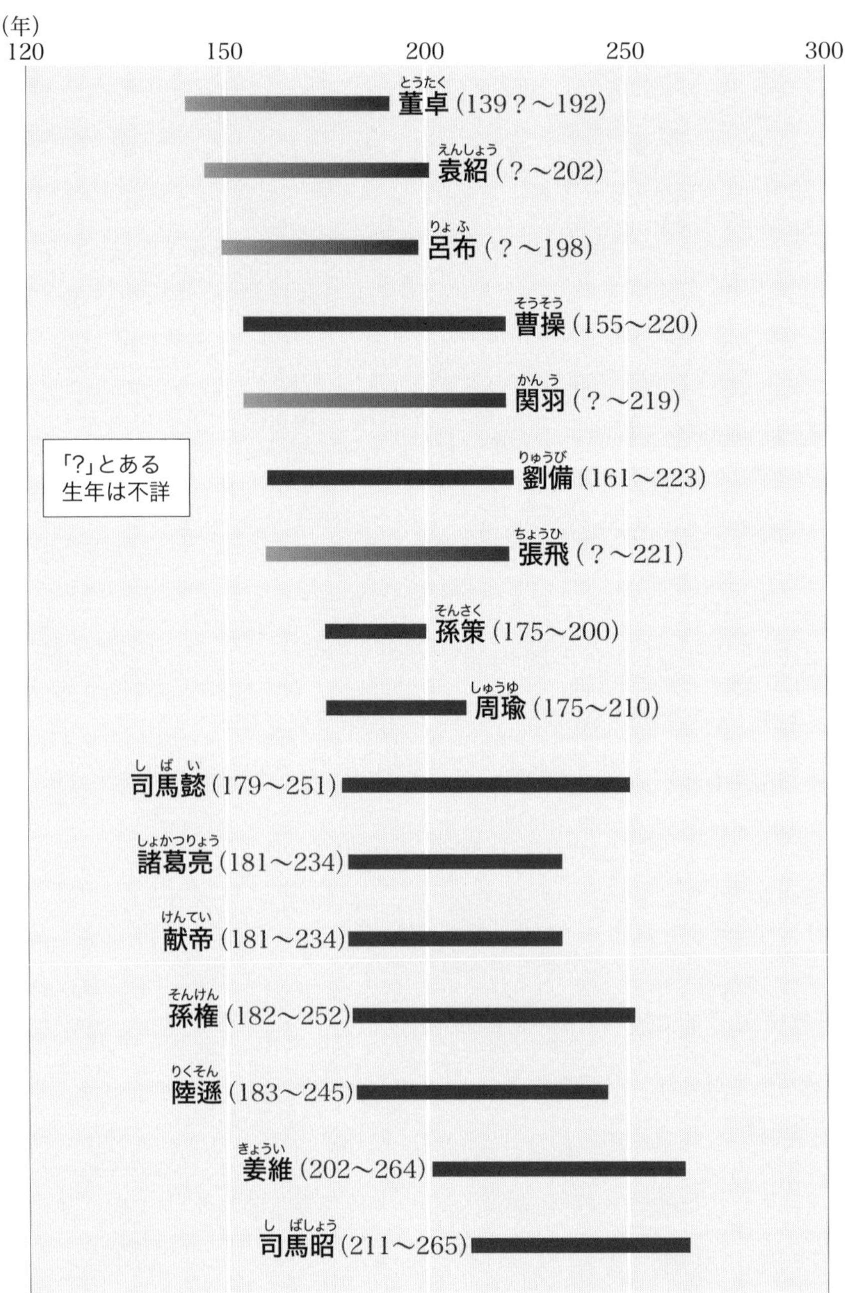

主な参考文献

『三国志事典』渡邉義浩 著（大修館書店）

『三国志演義事典』渡邉義浩・仙石知子 著（大修館書店）

『別冊NHK100分de名著 集中講義 三国志：正史の英雄たち』渡邉義浩 著（NHK出版）

『三国志：演義から正史、そして史実へ』渡邉義浩 著（中央公論新社）

『「三国志」軍師34選』渡邉義浩 著（PHP研究所）

『人事の三国志 変革期の人脈・人材登用・立身出世』渡邉義浩 著（朝日新聞出版）

『「三国志」の女性たち』渡邉義浩・仙石知子 著（山川出版社）

『三国志「その後」の真実 知られざる孔明没後の後伝』渡邉義浩・仙石知子 著（SBクリエイティブ）

『よくわかる「三国志」名将完璧ファイル――劉備、曹操、孫権から呂布まで69人の英傑たち』渡邉義浩 監修・造事務所編著（廣済堂出版）

『ビジュアル三国志3000人』渡邉義浩 監修（世界文化社）

『三国志：正史と小説の狭間』満田剛 著（パンダ・パブリッシング）

『中国の歴史4 三国志の世界 後漢 三国時代』金文京 著（講談社）

監修
渡邉義浩（わたなべ・よしひろ）

1962年、東京都生まれ。筑波大学大学院博士課程歴史・人類学研究科修了。文学博士。専門は中国古代史。早稲田大学文学学術院教授、三国志学会副会長兼事務局長。著書に『三國政権の構造と「名士」』、『三國志よりみた邪馬臺國』、『全譯 後漢書』、『全譯 三國志』（いずれも汲古書院）などがある。

1日1テーマ
30日でわかる三国志

監修　渡邉義浩
編集・構成　造事務所
文　菊池昌彦
カバーイラスト　勝倉大和
本文イラスト　スタジオ大四畳半
装丁　井上新八
本文デザイン　稲永明日香
編集　畑北斗
写真　PIXTA

発行者　山本周嗣
発行所　株式会社文響社
〒105-0001
東京都港区虎ノ門2-2-5　共同通信会館9F
ホームページ　https://bunkyosha.com/
お問い合わせ　info@bunkyosha.com
印刷・製本　株式会社光邦